I0767474

L'OPUSCOLO DELL'ULTIMA GOCCIA D'ACQUA:

D'ACQUA:

La Cooperativa E La Sostenibilità Mancata

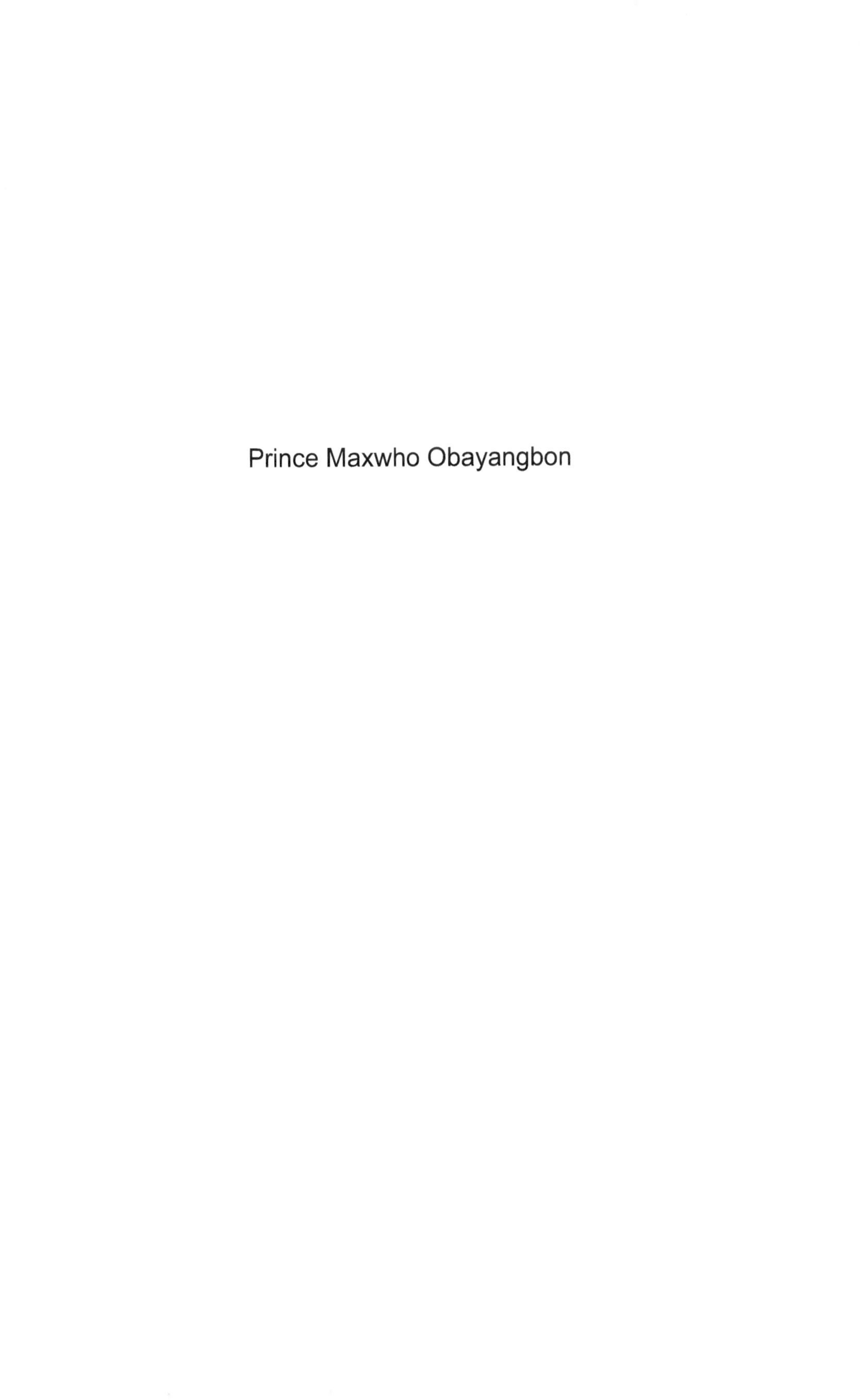

Prince Maxwho Obayangbon

Contents

DEDICA

In sintesi, questa ricerca attuale, presentata sotto forma di narrazione documentaria, è dedicata a tutti gli animali sociali e mira a affrontare il distorto sistema operativo cooperativo, in particolare in Italia. È profondamente radicata in una preoccupazione profonda per le questioni sociali e i loro principi e importanza fondamentale, specificamente nell'aspetto della 'solidarietà sociale' in termini di cooperazione all'interno di una comunità specifica. Sono spinto da una forte motivazione a coinvolgere attivamente tutti gli interessati attraverso interazioni significative, dialoghi sinceri e coinvolgimento umano verso un contributo fattibile alla fine. Infatti, l'obiettivo finale è ottenere risultati sostenibili che si allineino alla natura in evoluzione delle condizioni sociali del nostro tempo. Forse sono stato folle, o forse sono stato astuto, o forse sto semplicemente conformandomi alle aspettative della nostra società. In ogni caso, mi sono dedicato anima e corpo a conformarmi rigorosamente alle norme morali della nostra società perché sono sempre stato consapevole delle conseguenze. È importante riconoscere che non sono solo in questa lotta di essere consapevole di questo fatto; significa che molti altri si trovano anche in una situazione simile. Riconoscendo le mie limitazioni e capacità, faccio uno sforzo cosciente per navigare nella mia routine quotidiana entro questi confini. È sempre una battaglia costante, ma una cosa è certa: sono determinato con preoccupazione per il benessere di coloro che mi circondano, così come per me stesso. Con grande stupore, ho scoperto di recente che, in questo momento della vita, una parte significativa dei membri della nostra società sembra essere diventata insensibile agli atti abominevoli di oppressione, privazione, umiliazione, segregazione, razzismo e altre forme di atrocità l'uno contro l'altro in questa nostra esistenza enigmatica. Questi comportamenti angoscianti accadono proprio sotto i nostri occhi o persino nelle nostre comunità ogni giorno. È come se queste attitudini si siano trasformate in un desiderio culturale deliberato tra gli esseri umani. L'apatia verso tali ingiustizie è profondamente preoccupante. È sconcertante vedere come questi comportamenti, una volta universalmente condannati, siano ora in qualche modo stati normalizzati o trascurati da molti. Questa attitudine si sta trasformando in una mancanza di interesse per le sofferenze e i maltrattamenti subiti dagli altri e, nella maggior parte dei casi, anche mentre vengono perpetrati da altri, che è, in un certo senso, il dolore di tutti mascherato, dopotutto. Tuttavia, sembra che o non discutiamo abbastanza questo argomento, o stiamo solo grattando la superficie quando lo facciamo. Ancora peggio, ci sono casi in cui scegliamo semplicemente di non riconoscere o agire su di esso. Questo è particolarmente inquietante quando coloro che sono in posizioni di potere, che dovrebbero guidare l'azione, danno priorità al loro egoismo e agli interessi personali a breve termine rispetto all'affrontare queste questioni cruciali che ci riguardano tutti. È imperativo approfondire questa questione e intraprendere conversazioni significative al riguardo. Facendolo, possiamo fare luce su questioni sottostanti e lavorare verso soluzioni efficaci. È ora che coloro che detengono il potere adempiano alle loro responsabilità e contribuiscano attivamente a un cambiamento positivo anziché essere consumati dai loro desideri effimeri. Uniamoci nello sforzo collettivo per costruire una società in cui le questioni importanti non siano trascurate o trattate superficialmente, specialmente quando riguardano i bisognosi tra di noi, ma affrontate con autentica dedizione e una prospettiva a lungo termine.

LA FORZA DELLA GRATITUDINE: Un Viaggio di Riflessioni

Devo affermare con forza di aver imparato molto sulla solidarietà collaborativa qui in Italia da alcune persone speciali che ho incontrato durante i momenti difficili della mia vita personale. In particolare, sono stato profondamente impressionato dalla generosità e dall'assistenza ricevute da vari insegnanti e professori nelle varie scuole frequentate semplicemente come studente. Queste personalità distinte hanno mostrato un grande senso di compassione ed empatia, culturalmente universali, offrendomi supporto morale e pratico quando ne avevo più bisogno. Non solo mi hanno aiutato a superare le difficoltà personali, ma mi hanno anche incoraggiato a continuare a imparare e crescere nonostante le avversità. Sono grato per l'impatto positivo che queste persone hanno avuto sulla mia vita.

Nel complesso, nel tempo, ho acquisito una consapevolezza profonda: mentre la maggior parte dell'umanità vive immersa nella propria ideologia e interessi superficiali, spesso ignorando la realtà a favore di mondi fantastici. Da questa prospettiva, ogni forma di pensiero umano potrebbe distorto le prove fattuali della nostra realtà esistenziale. Pertanto, sono diligente nell'valutare le fonti di informazione, consapevole che la conoscenza supportata da prove concrete è ciò che conta. Così, ho deciso di imparare da tutti, attraverso i contributi di ciascuno, considerando gli attributi di tutti senza favorire alcuna fonte.

Questo significa che noi, insieme a tutto ciò che ci circonda, inclusi tu, io, il nostro ambiente e le nostre circostanze in questa esistenza enigmatica, sono i miei punti di riferimento formidabili nella scrittura di questo libro!

"Il vero divertimento sta nell'osservare come ciò che pensavo fosse nuovo avesse spesso radici simili già presenti nella realtà (sebbene in una forma o somiglianza diversa)". Questa esperienza mi ha portato a vedermi come un "uomo comune intrappolato nel mezzo dell'ignoto", come una frazione di esistenza in continua evoluzione.

Questo libro non è un esercizio intellettuale o una celebrazione del lavoro di altri intellettuali. Rappresenta il mio viaggio personale nel mondo delle cooperative. A questo punto, devo confessare che non sono un poeta o uno sceneggiatore, ma mi sento obbligato a raccontare la mia esperienza, semplicemente attraverso la mia visione consapevolmente riflessa. Qui cerco di applicare il buon senso alla realtà tangibile, evitando il dogmatismo scientifico. Il mio intento è rendere la comprensione accessibile a chiunque (esperti o laici), senza limiti di esperienza. L'obiettivo? In altre parole, presentare un approccio pratico alla comprensione della nostra realtà circostanziale senza cadere nel dogma.

Se dovessi dare credito a ogni fonte, le parole in questo libro apparterrebbero agli altri e non a me. Infatti, io stesso sono un destinatario del concetto di vita che condivido qui. Ringrazio tutti coloro che hanno attraversato il mio cammino, dai canali YouTube ai libri letti, specialmente la mia stessa vita. Vorrei esprimere gratitudine a coloro che mi hanno guidato nel mio percorso di acquisizione della conoscenza. Questo interesse è nato da un focus culturale piuttosto che artistico, spingendomi a intraprendere questa ricerca.

La mia chiave per comprendere le cooperative e la solidarietà sociale, soprattutto in Italia, è stata assistere a un modo incongruo in cui le funzioni venivano svolte in questo settore. Quindi, ho preso l'iniziativa di creare una cooperativa con i miei amici fidati. Come primo passo, ho consultato un commercialista che si trovava nelle mie vicinanze.

Ho avuto la fortuna di incontrare un "commercialista" generoso che mi ha fornito un'antologia sull'organizzazione cooperativa: ('Guida alle cooperative di solidarietà alla creazione e gestione, edizioni del consorzio Gino Mattarelli'), che è stato un grande regalo da leggere prima di decidere di formare un gruppo cooperativo. Questo libro ha fondamentalmente solidificato la mia comprensione di ciò che dovrebbe essere una cooperativa, oltre a ciò che sapevo attraverso diverse letterature, la mia collaborazione con varie forme di servizi sociali e la mia concezione generale e umana della solidarietà sociale.

Quindi, se fossi veramente interessato a identificare gli eroi, dovrei cercare tra coloro senza nome e senza voce, tra i cosiddetti 'soldati sconosciuti' dell'interesse collettivo, proprio come il figlio dell'uomo che non aveva un luogo dove posare la testa! La mia gratitudine va a coloro che hanno dedicato la loro vita a creare un mondo migliore, spesso nell'anonimato, spesso senza ricevere riconoscimento o compensazione. I miglioramenti non sono il risultato del lavoro di pochi individui straordinari e eccezionali notati dal mainstream, ma piuttosto del lavoro cumulativo di innumerevoli persone che hanno contribuito in modo significativo, anche in entità diverse. È attraverso l'impegno di queste persone messe insieme che possiamo continuare a aspirare a un futuro migliore.

Sono umile e privilegiato per aver avuto l'opportunità di imparare e ispirarmi da questi pionieri sconosciuti. I loro contributi saranno ricordati e onorati per sempre, anche con questo libro.

Oggi è importante notare che gli individui a cui faccio riferimento, la maggior parte dei quali non ha lasciato alcuna prova tangibile o documentazione nei nostri libri di storia, sono gli sconosciuti e gli senza nome: spesso non celebrati dalla storia ufficiale. Tuttavia, il loro contributo può essere compreso solo trascorrendo del tempo con loro nella vita quotidiana o osservando le loro azioni e comportamenti di persona, o apprendendo attraverso le tracce che hanno lasciato da qualche parte e in qualche modo; le loro preziose insegnamenti in un modo più non convenzionale che hanno arricchito il nostro presente. Non dimentichiamo che gli eroi spesso rimangono senza nome.

In conclusione, per il bene di tutti: questa esperienza ci aiuta a sviluppare una maggiore empatia e comprensione del nostro ambiente naturale, andando oltre le narrazioni storiche dominanti e agendo per il bene dell'esistenza, specialmente per coloro e per le cose che non hanno voce!

PREFAZIONE

Questo libro tratta di un'analisi di una forma di cooperazione all'interno della connotazione di 'SOLIDARIETÀ SOCIALE nella formazione di COOPERATIVE' in termini culturali. È stato attentamente concepito e scritto in lingua italiana con l'intenzione di fornire una visione accurata dell'evoluzione culturale nei nostri giorni. La mia scelta di scegliere la lingua italiana non è arbitraria, ma risponde al desiderio di catturare l'autenticità in termini di sfumature comunicative e ricchezza del contesto culturale trattato, che richiede la coesistenza armoniosa dei suoi elementi coesivi. Poiché la cultura e la storia di ogni luogo impongono una forma di espressione linguistica in grado di rappresentare appieno il comportamento intrinseco delle azioni di individui che condividono gli stessi elementi suddetti, uniti dalla loro complessità e diversità. Pertanto, ho ritenuto essenziale adottare questa lingua per garantire una comunicazione precisa e autentica con l'interesse dei miei lettori a cuore. Inoltre, l'uso di una lingua nazionale culturalmente accettata sottolinea anche l'importanza della coesistenza di elementi che costituiscono l'identità di un ambiente o luogo definito in coerenza. Questa scelta linguistica riflette il desiderio di promuovere un dialogo inclusivo e rispettoso della mia narrazione tra i diversi componenti della società coinvolti, consentendo loro di condividere le proprie esperienze e punti di vista in modo efficace.

Attraverso questo libro, il mio obiettivo è offrire un contributo significativo alla comprensione e all'apprezzamento delle ricchezze culturali e linguistiche insite nel luogo in questione. Spero che questo lavoro possa servire da ponte per una maggiore consapevolezza e comprensione reciproca tra le diverse sfaccettature di questa stessa società. Esamina anche i momenti salienti della nostra società contemporanea e le dinamiche di collaborazione che la caratterizzano. Il suo nucleo è l'analisi della cooperazione senza essere influenzato da specifiche ideologie o barriere linguistiche di interesse egoistico. Questa prospettiva costituisce la pietra angolare della mia analisi.

Voglio chiarire che non ho alcuna intenzione di nuocere o dimostrare nulla riguardo a ciò che è giusto o sbagliato (come tutti noi sappiamo in parte e in misura diversa). In questa narrazione, ciò che sto cercando di fare è condividere ciò che ho imparato, specialmente attraverso la mia esperienza di collaborazione con diverse cooperative. Cerco di contribuire all'indagine di uno sforzo congiunto per definire ulteriormente, a gran voce, il concetto di "solidarietà sociale": in un contesto fattuale e culturale con le nostre azioni per la sopravvivenza in relazione alla sostenibilità.

Nota: Questo libro è influenzato dalla nostra concezione culturale e dal quadro legale della nostra società. Si basa sul contesto storico del XXI secolo, quindi mentre lo sto scrivendo. Tuttavia, è importante riconoscere che la mia comprensione di questa situazione potrebbe evolvere nel tempo. Ciò dipenderà dal fatto che l'atteggiamento che sto sfidando diventi culturalmente accettabile in futuro e venga giustificato dalla nostra memoria sociale e collettiva. Per me, credo che ogni pensiero, come un argomento, debba essere plasmato e relativamente preso in considerazione con l'aspetto temporale e lo spazio in cui l'azione o la situazione si sta svolgendo, per avere uno sguardo critico e/o ottenere una soluzione fruttuosa in linea con gli obiettivi stabiliti.

Devo dire in anticipo che sono un comunicatore verbale in modo profano, non uno scrittore per natura! Perdonami se non riesco a soddisfare il quadro concettuale dell'approccio tradizionale alla scrittura. Qui, non sto cercando di sostenere un concetto specifico di moralità, ma di esprimere il mio punto di vista: rigorosamente sul tema della 'cooperazione', 'etica professionale' e soprattutto 'solidarietà sociale'. Vale a dire, questo intreccio tra di noi può essere sostenibile nel lungo termine in modo che possa persistere anche nel prossimo futuro.

Il principale scopo di questo libro è manifestare la necessità di un dialogo tra me e coloro che avrebbero dovuto condividere i miei stessi preziosi obiettivi sociali e scopi;

tuttavia, mi è stata negata questa opportunità durante la mia esperienza lavorativa. Voglio affermare con fermezza la mia maturità attuale: la logica bellicosa non fa più parte di me. Sono contrario alla violenza e credo nell'importanza di risolvere i conflitti attraverso il dialogo e la comprensione reciproca. Pace e cooperazione sono fondamentali per costruire un mondo migliore. Questa riflessione vuole essere il prodotto tangibile del mio sincero desiderio di esprimere le mie idee che, credo, potrebbero portare benefici in un modo o nell'altro alla società di cui faccio parte. Il mio obiettivo qui è anche quello di stimolare gli impulsi di tutti a contribuire virtuosamente a collaborare per il bene della nostra comunità 'ovunque', con la prospettiva di concepire il termine cooperativa come una formazione organizzativa per il bene di tutti.

Questo libro è motivato dal desiderio di preservare l'integrità di una valutazione imparziale e rigorosa della situazione. La mia intenzione non è quella di condannare l'intero panorama intellettuale, bensì di sollevare l'importante questione della responsabilità nella valutazione critica delle fonti informative. Riconoscere questa manipolazione sfumata dei dati ci aiuta a sviluppare un discernimento più acuto, per cercare la verità con fatti attuali al di là delle narrazioni preconfezionate. Solo attraverso un'esplorazione accurata, un'analisi attenta e un approccio critico possiamo sperare di ottenere una comprensione più completa e informata della nostra realtà complessa e sfaccettata. Questa critica non nasce dall'arroganza o dal disprezzo per il consenso, ma dalla mia sospetto riguardo a bugie e narrazioni storiche contraddittorie. Questo libro non cerca persecuzioni, ma invita a riflettere su come rappresentiamo l'umanità l'uno all'altro. Ogni episodio è un argomento separato o una fase in movimento, come nella vita reale.

Riguarda l'essere umano come protagonista nel suo ambiente naturale e culturale.

Questa narrazione non tratta questioni ideologiche, filosofiche o morali

Voglio affrontare la realtà attraverso evidenze visibili per tutti. Il mio sforzo mira a stimolare un atteggiamento collettivo che potrebbe essere utile per affrontare le sfide attuali che la società deve affrontare, affinché la solidarietà sociale possa concretizzarsi per il bene di tutta l'umanità. Questo libro nasce dalla mia realtà quotidiana, vissuta nella mia mente subconscia e conscia, ma spiegata senza un periodo specifico, a causa delle emozioni umane che spesso influenzano le relazioni interpersonali. Cercherò di selezionare gli episodi più rilevanti, scelti per la mia capacità espressiva, sia linguistica che culturale, attraverso il mio flusso di coscienza.

La mia nuova esperienza lavorativa con le cooperative sembrava un mondo dei sogni, data la mia ingenuità intellettuale. Tuttavia, mi sembrava che queste organizzazioni (cooperative) rappresentassero una civiltà portatrice di solidarietà sociale all'interno di una democrazia verso una vera servitù umana, unita a una profonda consapevolezza dei diritti civili. In particolare, le cooperative dovrebbero distinguersi per la loro capacità di coinvolgere i membri nella gestione cooperativa, prendere decisioni collettive e promuovere l'uguaglianza economica. Grazie a questa esperienza, ho imparato molto sulla forza della solidarietà e della collaborazione da solo, che può generare valore condiviso e sostenibile per l'intera comunità.

La mia curiosità si è trasformata nel mio sostentamento e nella mia principale motivazione in tutte queste utili interferenze culturali che abbiamo come esseri umani, interagendo costantemente con il nostro ambiente. Queste interferenze sono produttive per il nostro intelletto culturale poiché ci consentono di ampliare la nostra conoscenza del mondo e di noi stessi. In particolare, l'interazione con culture diverse dalla nostra ci arricchisce, ampliando la nostra prospettiva e stimolando la nostra creatività. Questo scambio culturale può essere estremamente vantaggioso per tutti i partecipanti, poiché l'interazione con culture diverse arricchisce e stimola la creatività, promuovendo la comprensione reciproca e costruendo ponti tra le comunità. In questo modo, la curiosità diventa una forza trainante per l'apprendimento e lo sviluppo umano.

Con la sincerità del mio cuore, non sto cercando di convincere nessuno semplicemente con le informazioni raccontate di seguito. Innanzitutto, vorrei dichiarare che non ho intenzione di persuadere nessuno con le informazioni presentate qui. Piuttosto, vi assedio tutti ad essere attenti e diligenti nell'osservare la vostra realtà quotidiana con una adeguata sensibilità umana in termini di solidarietà sociale per una comprensione più profonda della situazione narrata in questo libro. A volte, potrei insistere su diverse situazioni in modo tautologico o ripetitivo, ma voglio sottolineare che situazioni diverse si distinguono per l'effetto che hanno sulle nostre caratteristiche culturali all'interno della società civile. Quindi per favore abbiate pazienza con me! Precisamente, devo dire che prima di rendere mia qualsiasi informazione, devo prima renderla accessibile alle mie attività reali per testarne la sostanza della sua esistenza!

PRESENTAZIONE

Permettetemi di presentarmi; il mio nome è Prince Maxwho Obayangbon. Sono un semplice essere sociale con una laurea in Dams (Discipline delle Arti, della Musica e dello Spettacolo) dell'Università di Padova. Il mio interesse è incentrato sull'esplorazione del processo culturale nella produzione musicale e nell'ingegneria del suono, che rappresenta principalmente la mia professione. In breve, ho avuto varie esperienze di vita, plasmate dalle sfide di crescere da solo sin da giovane. Queste esperienze abbracciano l'educazione culturale, accademica e di strada che ho acquisito vivendo occasionalmente come adulto.

Con umiltà, rivendico il mio ruolo come possibile pioniere, forse il primo 'CONFLICT MANAGER' certificato al mondo, come confermato dal titolo stesso. Nel mio prossimo libro, intendo esplorare le intricate sfumature della gestione efficace dei conflitti, portando alla luce le indispensabili competenze e intuizioni necessarie per navigare con maestria in questo campo. Al centro del mio discorso sarà l'esplorazione delle comuni interpretazioni errate che circondano i vocaboli del nostro linguaggio quotidiano, i quali gradualmente plasmano le nostre norme culturali e comportamentali. È mia ferma convinzione che parole come amore, pace, contrasto e altre spesso fungano da catalizzatori di fraintendimenti nelle nostre interazioni sociali, spingendomi a intraprendere la missione di dissipare queste concezioni errate.

Oltre i confini del discorso teorico, la mia visione ultima è giocare un ruolo nel plasmare un mondo in cui i conflitti, indipendentemente dalla loro natura, siano affrontati con compassione e risolti attraverso l'applicazione della saggezza. Attraverso la coltivazione di una cultura radicata nell'inclusione e nella continua riconciliazione, mira a gettare le basi per una convivenza e un'armonia durature. Questa aspirazione alimenta i miei sforzi mentre mi impegno a contribuire in modo significativo al viaggio collettivo verso un rispetto reciproco e un merito equo nella nostra società globale.

Ironicamente, alcune persone nella società mi hanno etichettato come nero, anche se il mio colore è più vicino al marrone che al nero. Spero che la mia intenzione sia chiara. Da quel preciso momento, ho smesso di credere a ciò che gli altri dicono sulle persone a meno che sia supportato da evidenze concrete e valutazioni intellettualmente ragionevoli. Trovo importante introdurre questa considerazione preliminare per illustrare il percorso che intendo intraprendere nei prossimi passi.

Dopo una lunga attesa di oltre sette anni, ho finalmente dedicato il mio tempo per approfondire la formazione delle "cooperative sociali" in Italia, concentrandomi soprattutto sulla nostra cooperativa, attingendo dalle mie esperienze personali come evidenza concreta.

Tuttavia, voglio sottolineare che ciò non significa che io sia un individuo impeccabile; al contrario, sono consapevole dei miei difetti, che, come è tipico per qualsiasi essere umano, potrebbero essere associati a me in modo particolare. Tuttavia, sono profondamente convinto che qualsiasi obiettivo derivante da un dialogo progressivo, dalla condivisione, dall'umiltà nel riconoscere i propri limiti e dalla volontà di correggersi per il bene di tutta l'esistenza diventi un atteggiamento vitale nella costruzione di una società sostenibile.

Durante questo percorso, ho avuto l'opportunità di accumulare esperienze preziose attraverso la mia vita quotidiana, il lavoro e l'immersione in contesti sociali orientati al bene comune. Questo processo di crescita è stato ulteriormente arricchito attraverso studi approfonditi, guidati dalla mia stessa vulnerabilità e con l'obiettivo di contribuire al bene dell'umanità.

Dal 2014, mi trovo a svolgere a tempo pieno il ruolo di mediatore culturale e linguistico, collaborando strettamente con cooperative, prefetture, tribunali e ospedali. Prima di intraprendere questo percorso insieme, voglio che sia chiaro che ogni argomento sarà basato su questioni sociali. Dobbiamo definire chiaramente il nostro obiettivo, che rappresenta il filo conduttore di questo percorso ed è il tema centrale di questo libro.

Voglio sottolineare che non intendo sostenere teorie utopiche, ma presentare fatti tangibili basati sulla mia esperienza diretta. Iniziamo chiedendoci: qual è la nostra priorità e il nostro obiettivo nel campo "sociale", tra le seguenti due alternative?

1) L'istituzione della "cooperativa" con l'obiettivo di alimentare élite oligarchiche, oppure
2) La promozione di una società che crei condizioni di vita favorevoli per tutti i cittadini di questa nazione, contribuendo così al raggiungimento dell'obiettivo di "solidarietà sociale" e benessere collettivo?

Questo libro è stato scritto con l'intenzione di sostenere la seconda opzione presentata sopra, in conformità **ai principi costituzionali della Costituzione italiana, all'articolo 45,** che afferma inequivocabilmente:

"La Repubblica riconosce la funzione sociale della cooperazione di mutuo soccorso e senza fini di speculazione privata. La legge ne promuove e ne favorisce l'aumento con i mezzi più idonei e ne assicura il carattere e gli scopi con adeguati controlli."

In un intreccio curioso di eventi, ho scoperto che la realtà di molte cooperative che operano nel nostro territorio contraddice gli ideali enunciati dalla Costituzione. Al contrario, durante il mio percorso nel settore, ho incontrato individui che, nonostante la loro apparente semplicità, nascondevano aspetti oscuri e opachi.

Personalmente, non avrei mai immaginato che questa dinamica si sviluppasse così eloquentemente nella realtà, quasi imitando la rappresentazione di una 'commedia dell'Arte,' in cui una struttura democratica si dimostrerebbe vulnerabile e fragile, soggetta alle manovre di sceneggiatori e attori agendo a nome di élite oligarchiche.

Chiedo a tutti il permesso di iniziare questo viaggio nel mondo della cooperazione con voi, attraverso il concetto di designazione 'solidaria.' Anche se può sembrare un sogno, è una realtà che è un obiettivo raggiungibile se collaboriamo. La designazione solidaria si basa sull'idea di sostenere le comunità locali, le economie sostenibili e la solidarietà umana. In questo modo, possiamo contribuire a promuovere la giustizia sociale e la sostenibilità ambientale.

Sono entusiasta all'idea di iniziare questa nuova avventura insieme a coloro che sono interessati, ed è con grande entusiasmo che sto per scoprire come possiamo davvero fare la differenza attraverso il potere della cooperazione e della solidarietà. Tuttavia, vorrei affrontare una questione preliminare.

Che io lo accetti volontariamente o meno, che io sia d'accordo o in disaccordo, la realtà sottolinea chiaramente che per più di tre decenni ho vissuto in questo paese. Questa realtà è il punto focale a cui mi riferisco, e non posso negare di appartenere incondizionatamente a questa stessa società, ovvero alla comunità italiana. È in questo contesto che sono riuscito a ottenere la maggior parte di questi strumenti indispensabili per il mio processo di acquisizione di conoscenza e anche per la mia sopravvivenza, che è stata anche il risultato di sacrifici impegnativi.

Per queste ragioni, ho deciso di esprimere alcune considerazioni riguardo al concetto di solidarietà sociale, presupposto fondamentale per l'istituzione di qualsiasi forma di cooperazione. Le mie riflessioni su vari aspetti di questo argomento non hanno l'intenzione di servire come condanna di nulla. È innegabile che le voci della mia coscienza si riflettano solo attraverso le prove della mia esistenza e all'interno dei confini dello stato di diritto.

È per questo motivo che nella mia narrazione non mira a riprodurre testi altrui testualmente, né a citare frasi o singole parole. Credo fermamente che la creatività e l'originalità siano pilastri indispensabili di una storia autentica ed efficace. Inoltre, non intendo avallare ciò che la mia coscienza non avalla e di cui non possiedo prove tangibili. È cruciale rimanere fedeli ai nostri valori e principi, anche nel corso della scrittura. Solo in questo modo possiamo manifestare autenticità e trasmettere un messaggio che rifletta appieno la nostra essenza e prospettiva fattuale. Spero ardentemente che la mia storia possa essere un contributo positivo al mondo a cui appartengo, ispirando gli altri a seguire i dettami della loro coscienza e ad agire con integrità. In questo libro, desidero affrontare aspetti legati all'umanità attraverso la lente della mia partecipazione diretta, nonché quegli elementi che, al contempo, mi hanno causato profondo disagio: tutto ciò collegato alla mia sensibilità per le questioni culturali all'interno di una società in evoluzione. Quello che sto per descrivere rappresenta come ho personalmente percepito ed esperito il mio percorso all'interno di questo sistema cooperativo. Naturalmente, va sottolineato che altri individui potrebbero percepire queste esperienze in modo diverso, senza necessariamente approfondirle con riflessioni profonde. Per preparare adeguatamente coloro che stanno per immergersi in questa narrazione legata alla mia esperienza nel mondo cooperativo, è importante sottolineare che questa storia si basa sul flusso della mia coscienza, senza essere vincolata da convenzioni temporali o spaziali. Tutti gli eventi che narrerò si sono svolti durante quegli anni trascorsi nel campo della solidarietà sociale, un argomento che inizialmente non avevo pianificato di esplorare. Ho una profonda passione per la letteratura e la filosofia della cooperazione e della solidarietà sociale, eppure, nonostante le mie aspettative generate dal mio studio teorico di questi concetti, ho provato grande delusione cercando di vivere la realtà. Questa delusione è stata il risultato della mia cessione all'affetto illusorio della provvidenza sociale. L'esperienza si è rivelata una delle più dolorose e significative del mio viaggio di vita, come scoprirete più avanti in questo libro. La mia "ingenuità intellettuale" mi ha portato a credere nella presunta bontà dell'umanità in alcune persone, una convinzione che si è rivelata estremamente fallace. Questo libro potrebbe effettivamente essere considerato una forma di catarsi verbale derivante dalla mia incapacità di agire diversamente per influenzare una situazione che giudico profondamente disumana. Dopo anni di tentativi vani di instaurare un dialogo costruttivo con gli stakeholder, ho provato una crescente frustrazione che ha trovato sfogo attraverso queste pagine. Di solito non mi dedico a denunciare ingiustizie perpetrate contro persone considerate "normali", poiché queste persone possono lottare per i loro diritti. Tuttavia, quando si tratta di individui che, a causa della loro intrinseca incapacità di competere (come le persone diversamente abili), sono svantaggiati, considero tali ingiustizie una grave offesa contro tutta l'umanità. In queste circostanze, diventa un obbligo morale per ogni individuo capace difendere i diritti di coloro che non possono farlo da soli, proprio come ci assumiamo la responsabilità di proteggere i bambini affidati alle nostre cure a causa della loro natura vulnerabile. Rimane importante ribadire che questo libro non mira a predicare una teoria utopica per l'uguaglianza per tutti. Inoltre, va fortemente sottolineato che non intendo sostenere una causa per gli individui normodotati. Al contrario, la mia intenzione è promuovere la difesa di coloro tra noi che non possono comprendere, desiderare o chiedere nulla di diverso che guida e sostegno. Questi individui sono privi di parole e voce in ogni capitolo della loro esistenza; in termini più semplici, sono individui con varie forme di disabilità, spesso indifesi ma capaci di provare dolore, versare lacrime e, soprattutto, possiedono la vitalità che li caratterizza come parte stessa del tessuto della nostra umanità. In questa narrazione testuale, eserciterò la massima attenzione per evitare ogni forma di ambiguità nella corrispondenza tra parole e significati. Cercherò di evitare ogni scivolamento verso la retorica, poiché ciò potrebbe portare a fraintendimenti riguardo alle questioni legate alla formazione culturale. In particolare, desidero sottolineare che non desidero che questa testimonianza cada nell'inesattezza. È una chiarificazione importante, poiché le arti della scrittura, della pittura e dell'interazione verbale sono nate anche come mezzi per sfuggire, anche se per un momento, alla nostra realtà complessa ed enigmatica. Tuttavia, nel contesto attuale, a volte ci troviamo confusi proprio a causa di affermazioni elusive che vengono interpretate erroneamente come saldamente ancorate alla realtà. Invece, è la realtà stessa che desidero affrontare con attenzione in questa narrazione. Inizialmente, ho cercato di bandire ogni luogo comune e qualsiasi speculazione metafisica per evitare qualsiasi preconcetto di fronte agli eventi che si stavano svolgendo davanti a me. Prima che qualsiasi cosa possa essere fraintesa, voglio chiarire che considero l'idea alla base della creazione delle cooperative come una delle scoperte sociologiche più brillanti dell'umanità, acclamata per la sua capacità di promuovere relazioni reciprocamente vantaggiose, intese come interazioni tra esseri esistenti e non esistenti, indipendentemente dal genere. Non avevo intenzione di trascrivere una lunga storia, ma mi sono trovato costretto dal mio fervore per la conoscenza socio-culturale e dal desiderio di concentrarmi sul bene dell'umanità attraverso la ricerca. Questo mi ha spinto a portare alla luce atteggiamenti ingannevoli verso coloro considerati 'bisognosi'. L'obiettivo di questo libro non è giudicare, ma acquisire consapevolezza riguardo al cammino che stiamo percorrendo e definire il percorso appropriato per raggiungere un'autentica solidarietà sociale con obblighi umanitari, che dovrebbero rappresentare il nostro scopo supremo. Per chiarire ulteriormente la mia posizione sulla solidarietà tra esseri viventi, forse inconsapevolmente incorporata nelle mie azioni quotidiane, ho cercato diligentemente di basare le mie affermazioni sulla realtà dei fatti. Ho fatto uno sforzo per rimanere coerente con la mia coscienza di fronte a ciò che viene chiamato "verità", una realtà sempre soggettiva nell'enigma

stesso che costituisce "la vita", una realtà che è per sua
natura fugace e inafferrabile.

Eccoci qui: PRELUDIO

Le mie Esperienze e Riflessioni

Prime Impressioni sulle Dinamiche della Cooperativa e Rivelazioni

Prima di essere chiamato a lavorare come mediatore culturale e linguistico, ho sempre creduto che le cooperative svolgessero un ruolo fondamentale nella società, mirando a promuovere e mantenere il benessere sociale in una comunità data. Tuttavia, la mia esperienza ha dimostrato il contrario. Questa scoperta sconcertante mi ha spinto a sentire l'urgenza di condividere ciò che avevo vissuto. Questo opuscolo rappresenta la mia testimonianza personale e la narrazione di eventi che non posso più tenere per me stesso. Ho l'intenzione di esporre tutto in modo chiaro e preciso, preservando l'integrità della mia coscienza. Ho cercato un dialogo costruttivo con l'organo amministrativo della cooperativa, ma a lungo andare si è rivelato infruttuoso o quanto meno difficile. Così, ho deciso di rendere pubbliche le mie opinioni, non per stabilire chi ha ragione o torto, ma per incoraggiare una riflessione ponderata e una crescita sociale potenziale per il bene di tutti. Questa è la mia intenzione. Ci sono sempre individui che si sentono autorizzati a criticare le convinzioni degli altri senza offrire opportunità di discussione o verificare i fatti prima di accettare la validità delle loro ipotesi. Questo atteggiamento spesso deriva da una mancanza di chiarezza nei fatti, portando alla speculazione invece di spiegazioni razionali. A volte, può essere causato dalla limitata capacità di analizzare eventi complessi che richiedono una spiegazione logica o burocratica. Inoltre, la paura di perdere il nostro attuale status di sopravvivenza potrebbe contribuire a questo fenomeno. Potrebbe sorprendere il fatto che le guerre siano ovunque, combattute in modi e per motivi diversi, le cui cause sembrano essere immediatamente riconoscibili. In realtà, le cause profonde di questi conflitti risiedono nell'accumulo di piccoli errori commessi ogni giorno, sia consapevolmente che inconsciamente, ignorando gli interessi comuni a favore di quelli effimeri e insignificanti. Alcune persone stanno lavorando così duramente che le guerre diventano quasi inevitabili, a causa della diffusa meschinità, in cui molti traggono soddisfazione dalla sventura degli altri, motivati da guadagno egoistico e vanità. Personalmente, credo che ogni decisione ragionevole, specialmente in un contesto di gruppo, dovrebbe derivare da una discussione aperta tra opinioni diverse. Spesso, quando sviluppiamo un'idea, tendiamo a pensare che sia la migliore. Tuttavia, interagendo con gli altri, possiamo capire che le loro proposte potrebbero essere più convincenti e arricchire il nostro pensiero. Per questo motivo ho sempre considerato il dialogo come uno strumento essenziale per la crescita personale, l'evoluzione intellettuale e la creazione di progetti significativi. Credo anche che un'idea rimanga solo un'vaga intuizione fino a quando non viene testata nella realtà, con il confronto di altre idee. Questa osservazione mi ha insegnato che la distanza tra un'idea e la sua attuazione può essere considerevole e solo un esame approfondito può convalidarne la fattibilità. Fidarsi di una certezza prematura senza una valutazione a 360 gradi può essere pericoloso e fuorviante. Infatti, la scienza promuove la verifica completa dei fatti attraverso interrogazioni, indagini e raccolta di prove. Nell'indagine scientifica, dati precisi e accurati sono fondamentali, poiché piccoli errori possono portare a deduzioni sbagliate. Il metodo scientifico valuta attentamente ipotesi e teorie attraverso rigorose sperimentazioni e convalida. Questo processo di verifica e sperimentazione è cruciale per ampliare la conoscenza e sviluppare una comprensione più profonda del nostro mondo. Pertanto, la convalida attraverso la discussione verbale emerge come l'arma segreta di qualsiasi forma di cooperazione. Tuttavia, nelle società moderne, l'ipocrisia è spesso radicata in questo aspetto e combatterla è essenziale per garantire una comunicazione autentica tra le persone. Abbiamo sempre criticato la burocrazia ingombrante che affligge la società, ma è importante riconoscere che l'inefficienza dei processi sociali è spesso alimentata da funzionari incompetenti resistenti all'innovazione per motivi futili. Questa ipocrisia sottolineata ha rafforzato il mio desiderio di scrivere questo opuscolo, con l'obiettivo di evidenziare come l'attuale società sia caratterizzata da incongruenze, dove spesso ciò che viene predicato non trova riflesso nelle azioni.

Diverse Opinioni Prima della Mia Decisione di Scrivere

Ci è voluto molto tempo prima che potessi finalmente iniziare a scrivere questo libro, per una ragione particolare legata alla mentalità radicata nella nostra cultura, anche tra gli amici che mi dimostrano affetto. Avevano paura che esprimere apertamente le mie opinioni potesse portare a ritorsioni da parte dei detentori del potere nel nostro tempo. Non è la prima volta che ho cercato di promuovere un atteggiamento di correttezza sociale, una sfida che potrebbe rivolgersi contro coloro che la propongono. Molte persone mi hanno consigliato di stare lontano da questi argomenti per evitare guai personali. Alcuni mi hanno messo in guardia da una posizione di vulnerabilità, mentre altri per motivazioni religiose. Tuttavia, ho discusso anche di questo problema di arricchimento egoistico con amici seri coesi nei principi della solidarietà sociale. La loro reazione ha rivelato quanto profondo fosse il problema, spingendoli verso considerazioni personali sul prevalente egoismo nel contesto abituale. Le critiche sollevate, quindi, mi hanno portato a esaminare le informazioni legate a questa situazione. Sorprendentemente, ho scoperto che gran parte delle informazioni frammentarie dai miei colleghi erano spesso il risultato di chiacchiere collettive, accettate senza verifica. Le informazioni ritenute indiscutibili erano principalmente basate su supposizioni, evidenziando una preferenza per informazioni superficiali, più facili da capire, che richiedono meno energia e conoscenza. Inoltre, le persone coinvolte non sono rimaste sorprese dalla mia percezione della situazione. Infatti, molti di loro hanno giustificato l'atteggiamento con un "così va il mondo, bisogna adattarsi al sistema per sopravvivere qui". Ciò mi ha portato a considerare questa circostanza come una sfida, spingendomi verso uno studio più approfondito e offrendo un'opportunità di apprendimento. Non mancavano coloro che dichiaravano che non si poteva fare nulla al riguardo, sostenendo che fosse sempre stato così. Anche spiegando dettagliatamente le situazioni che avevo osservato e sentito, non ho potuto evitare che la reazione fosse una risata. Sembra che avessero già incontrato o sentito parlare di situazioni simili, senza riuscire a collegare tutti gli elementi in una chiara spiegazione del comportamento antisociale. Troppo spesso, queste situazioni sopravvivono grazie alle chiacchiere, a prescindere dalla verità. Una delle principali ragioni che mi ha spinto a scrivere questo libro è il desiderio di mettere in luce persone oneste all'interno del sistema. Persone che hanno un potenziale eccezionale e contribuiscono al bene comune attraverso la solidarietà. Se tacciamo di fronte all'atteggiamento verso i meno privilegiati dell'umanità, diventiamo complici di questa ingiustizia. Le persone che mi hanno avvertito cercavano di proteggermi, ma in realtà stavano abbandonando l'umanità al suo destino. Hanno egoisticamente dimenticato che siamo tutti parte della stessa umanità, e mi considero solo una parte dell'esistenza, come un albero che da solo non può formare una foresta. Per loro, la soluzione migliore sembrava adattarsi al sistema, rassegnandosi all'idea che il cambiamento fosse impossibile. Questo atteggiamento presuntuoso, che presume di sapere tutto senza riflessione, mi preoccupa profondamente. In qualche modo, vedo una correlazione tra questo declino della cultura e l'invasione della tecnologia nella nostra vita quotidiana, che ci allontana progressivamente dalle relazioni umane reali. Quindi, ho fatto un passo avanti e ho iniziato a parlare con colleghi e compagni su questo sistema antidemocratico e disumano, che doveva essere un pilastro di fiducia e onestà sociale ma in realtà aveva delle carenze. La risposta era spesso un'assunzione: "È sempre stato così e continuerà ad esserlo". Mi sono reso conto che quando la conoscenza non spinge in modo deciso, non influenza le nostre vite e non ci motiva a progredire verso obiettivi di riconoscimento. È questa la realtà delle cooperative per la solidarietà sociale? Invito tutti voi a condividere la breve narrazione della mia permanenza nella terra delle Cooperative.

Inizio della Narrazione e delle Mie Riflessioni

Un giorno, come molti altri, ha segnato l'inizio di questa storia, un giorno che si è svolto dinamicamente secondo il disegno della "forza della creazione". Ogni giorno imparo a navigare nel sistema chiamato vita, cercando di mantenere il controllo nelle possibilità offerte dalla stessa "unità cosmica" che è la condizione umana. All'inizio dell'estate del 2015, una telefonata ha infranto la monotonia della mia routine. All'altro capo della linea, uno sconosciuto si è presentato con calore e familiarità, come se fossimo amici perduti da tempo. L'appuntamento in questione riguardava un lavoro come "mediatore linguistico e culturale". Si è identificato come membro associato di una cooperativa chiamata... Lo scopo dell'incontro era il loro Centro di Accoglienza per immigrati e rifugiati e la loro necessità di collaborazione. Volevo sapere come avesse ottenuto il mio numero di telefono; ha risposto che qualcuno che lavorava in un'altra organizzazione simile glielo aveva fornito. Fino a quel momento, avevo lavorato come mediatore linguistico e culturale, offrendo i miei servizi più o meno gratuitamente per aiutare organizzazioni e uffici pubblici. Tuttavia, non ero stato convinto a lavorare con nessuno di loro a causa delle impressioni del loro approccio organizzativo e strutturale, così come degli aspetti finanziari. L'intero sistema, per quanto mi riguarda, non sembrava innovativo e adeguato a promuovere una interazione culturale progressiva davvero utile nella costruzione di una società coesa. È importante sottolineare che queste osservazioni non erano giudizi o critiche, ma riflettevano la mia percezione di un aspetto culturale mancante nell'approccio della società odierna. Mi riferisco all'approccio irrazionale alla situazione, in cui spesso prevalgono gli obiettivi finanziari rispetto alla costruzione di relazioni significative e coerenti. Quindi, con un'aura amichevole, ho accettato di incontrare questo signore il giorno successivo. Abbiamo scelto un bar vicino a casa mia. Durante l'incontro, gli ho condiviso le mie opinioni, e lui ha fatto lo stesso. Era evidente che anche lui sperava di fare la differenza, proprio come me. L'incontro è stato proficuo e piacevole, aprendo la strada a future collaborazioni. Mi ha invitato a visitare la loro sede principale.

La Mia Prima Impressione dell'Ufficio

L'atmosfera nell'ufficio della sede centrale della cooperativa sembrava familiare, con un atteggiamento caloroso e sorrisi genuini su tutti i volti. In quel momento, non avrei mai potuto immaginare che l'intero quadro ruotasse attorno a un singolo individuo, non per la sua competenza ma per la sua volontà politica di diventare l'unico beneficiario degli affari della struttura, sia in termini finanziari che di influenza. Così è come sono entrato nel mondo delle vere cooperative, un viaggio che avrebbe svelato il lato oscuro più straordinario della realtà. In quell'occasione, mi è stato presentato un altro individuo: un trentenne, eloquente e pieno di idee brillanti nel campo sociale. Successivamente, ho scoperto che anch'egli era stato recentemente assunto dalla cooperativa. Dopo il nostro incontro, sono stato anch'io immediatamente reclutato.

Il mio inserimento nella Cooperativa

Il motivo per cui mi cercavano era molto chiaro: avevano bisogno della mia competenza nelle interazioni culturali e nei contesti sociali, competenza che non erano adeguatamente preparati a gestire al di fuori della loro presunta preparazione teatrale o teorica e delle formalità burocratiche necessarie per partecipare alle gare relative ai contratti. Nonostante la mia laurea universitaria e le competenze acquisite nelle mie precedenti esperienze di lavoro, sono stato assunto al livello più basso regolamentato, quello dell'operatore non formato. Questo è stato un colpo per me, ma la mia dedizione ad essere d'aiuto alla società che mi ospitava e alle persone bisognose ha mantenuto viva la mia motivazione. In quel periodo, la cooperativa stava lanciando un progetto di accoglienza per immigrati. Inizialmente, avevano solo un appartamento per ospitare i primi 5 rifugiati gambiani, un numero destinato a crescere esponenzialmente nel tempo.

Organizzazione della Cooperativa a Prima Vista

Purtroppo, un disaccordo tra gli ospiti dell'appartamento si è trasformato in una lotta violenta. Purtroppo, la questione non è stata gestita con precisione, rendendo necessario l'intervento dell'agenzia di forze dell'ordine per risolvere la situazione, seguito da arresti e persecuzioni giudiziarie. Questo evento ha messo la cooperativa in una situazione difficile, motivo per cui sono stato assunto come membro. Ho trascorso i miei primi anni di lavoro concentrandomi su come la cooperativa potesse capire le diverse mentalità culturali e padroneggiare l'interazione sociale. Ho utilizzato le mie esperienze passate come base per migliorare e costruire su altre esperienze in situazioni di vita reale. Ho capito che questa era una cooperativa di circa 500 membri, guidata da una sola persona, il presidente, che aveva creato una gerarchia basata sui suoi interessi personali come famiglia, amici e sostenitori, il tutto per mantenere il suo potere in modo perpetuo.

Descrizione dell'Ufficio Centrale

L'ufficio centrale può essere accuratamente caratterizzato come uno spazio vibrante, animato da una moltitudine di lavoratori che indossano ampi sorrisi sulle labbra e sui volti, sorrisi che a volte sembravano un po' forzati. L'atmosfera era quella di un saluto continuo, dove tutti si riconoscevano senza un motivo apparente. Per me, questo luogo sembrava quasi paradisiaco. Essendo un uomo cresciuto in un paese africano segnato dalla colonizzazione inglese, la mia mentalità è stata plasmata da uno stile di vita pragmatico influenzato da una fusione di culture afro-americane e anglosassoni. Qui, all'interno della sede centrale della cooperativa, nutrivo una profonda curiosità nell'esplorare le complessità della struttura culturale latina e della sua capacità unica di trasformare la vita quotidiana in celebrazioni ed espressioni artistiche.

La scena in quell'ufficio ha suscitato ricordi delle impressioni accumulate nel corso degli anni riguardo agli italiani/latini. Inizialmente, ho notato la pervasiva presenza di una rete di connessioni familiari che sembrava permeare ogni aspetto delle loro vite. Inoltre, era evidente l'influenza del cristianesimo cattolico, simboleggiata, ad esempio, da un emblema caro alla mafia, così come una inclinazione culturale verso la pace. Questa era una società culturalmente non violenta, nonostante l'impronta originale della mafia fosse radicata proprio in questo luogo. Questo luogo, luogo di nascita della Commedia dell'Arte, si compiaceva degli eroi e della venerazione dei santi.

Tuttavia, col tempo, all'interno di questa realtà nebulosa, ho cominciato a capire che queste manifestazioni esagerate, che potrebbero essere descritte come una forma di empatia, erano in realtà indicative di disagio psicologico. Ho coniato il termine "disturbo da affaticamento psicologico" per descrivere questa forma di stress emotivo e mentale profondamente radicato in varie fonti di stress continuo. Molti individui in questo ufficio sembravano non avere una chiara ragione per la loro presenza, contribuendo spesso poco o nulla a giustificarla. Questo schema ricorrente era una copia conforme di ciò che accadeva in altri progetti all'interno dell'organizzazione, come ho scoperto in seguito.

La mia insaziabile curiosità mi ha spinto a indagare sulla situazione all'interno della cooperativa. Mi sono concentrato su vari aspetti, compresa la dinamica della comunicazione, la forza lavoro necessaria, la disponibilità di compiti, la razionalità alla base del sistema, la pianificazione delle attività e le strategie operative dell'intero sistema. Questo processo investigativo si basava sulla mia attenta osservazione e approfondita analisi delle risorse sociali presenti in una cooperativa.

Gestione Come Quella di un Clan

Con questo libro, sto portando alla luce ciò che non può rimanere nascosto a causa del mio interesse nel capire cosa sta accadendo nel contesto dell'assistenza sociale, con un focus sulla solidarietà. Voglio specificare che questi sono solo alcuni aspetti che sono in grado di condividere per ora. Spesso si pensa che ciò che resta nascosto dalle masse riguardi segreti nazionali o proprietà intellettuale, o questioni che potrebbero scontrarsi con il contesto culturale e legale di una comunità. Nel settore privato, questa attitudine potrebbe essere considerata legittima per soddisfare le basi legali della proprietà intellettuale. Ma nel campo della solidarietà sociale, siamo già nel dominio pubblico che potrebbe essere considerato una terra di nessuno o di tutti. Nel campo della solidarietà sociale, l'approccio collettivo e democratico dovrebbe prevalere, evitando l'accumulo di potere nelle mani di pochi. Tuttavia, in questo caso, stiamo parlando della gestione sociale di una società civile a beneficio delle persone. Invece, le cose si sviluppano completamente diversamente all'interno della cooperativa in modo segreto. Dopo essere diventato un membro effettivo della cooperativa, ho realizzato con sorpresa che la maggior parte dei cosiddetti membri-lavoratori nell'ufficio centrale aveva qualche forma di collegamento, sia familiare che di amicizia, con il presidente. Coloro che non rientravano in questi circoli erano costantemente in conflitto con lui, considerati quasi emarginati nonostante i loro servizi fossero vitali per l'organizzazione. Quello che inizialmente sembrava una dinamica familiare in ufficio ora rivelava un'agenda diversa, e ho capito che la mia percezione iniziale era stata influenzata dalla mia "ingenuità intellettuale". La mia comprensione si è rafforzata: questo approccio comportava diverse disposizioni:

1) un atteggiamento coerente e consapevole, che aiutava e permetteva una comprensione approfondita senza pregiudizi e una capacità quasi perfetta di osservazione;

2) questo atteggiamento non solo potenziava la personalità, ma garantiva rispetto a/per Dio e al Diavolo, 'parlando ironicamente';

3) inoltre, aiutava a sviluppare una maggiore consapevolezza nella formulazione di giudizi in diverse situazioni;

4) infine, questa serenità assicurava sempre un'attenzione concentrata per un'osservazione distintiva e privilegiata di ogni fenomeno. Questo è ciò che ho imparato dalla vita allora: la

coerenza comportamentale è una virtù fondamentale per la dignità di rendere evidenti i fatti e formare opinioni basate sulla realtà, non sulla voce comune.

Gerarchia All'interno della Cooperativa

Parlando di questa COOPERATIVA, ci riferiamo ai veri protagonisti che orchestrano questo gioco in qualche modo poco etico. I veri attori sono tre individui: il numero 1 è il presidente, mentre gli altri due si sono alternati per anni nella posizione di vicepresidente. La cooperativa diventa semplicemente un mezzo per soddisfare i loro appetiti illeciti. Il presidente utilizza gli altri due membri, assegnando loro ruoli chiave per raggiungere i suoi obiettivi. Questo trio è composto da due uomini e una donna.

La Mia Esperienza nel 2016

Il primo caso di sospetto che mi colpì risale al 2016. Voglio condividere un episodio che fa luce sulla natura di queste persone, non solo come individui ma come coloro a cui è affidata la gestione dei lavori di solidarietà sociale per i bisognosi all'interno della società. In un giorno sfortunato, una sera buia, avevo un appuntamento con un pediatra per un esame medico per uno dei bambini con sua madre che viveva in una delle sistemazioni per rifugiati gestite dalla cooperativa. Quella sera, rimanevano solo due famiglie da visitare dal medico. L'altra famiglia era composta da un padre e una ragazza con alcune difficoltà. A causa delle condizioni della ragazza, essendo anch'io un padre, mi sentivo profondamente coinvolto nella loro situazione. In quel momento, la mia attenzione fu catturata dalla ragazza con un sentimento di compassione. Nel frattempo, però, avevo lasciato la mia borsa incustodita, contenente circa 700 euro. Prima che potessi rendermene conto, quell'uomo, il padre della ragazza, aveva rubato il mio portafoglio con tutto il denaro, i documenti e le carte di credito al suo interno. Quell'uomo non era nativo di questo luogo; sembrava provenire dall'Europa orientale, una deduzione supportata sia dal suo aspetto che dall'accento linguistico. Infatti, ci eravamo presentati l'un l'altro. A questo punto, potresti chiederti perché portassi così tanti soldi durante l'orario di lavoro. In quegli anni, lavorando con la cooperativa nel progetto per gli immigrati (accoglienza), questa era la mia realtà. Ho prontamente denunciato il furto alla polizia locale. Tuttavia, il processo di giustizia che ne seguì mi sembrò strano e affrettato, e mi fu comunicato che la polizia non poteva fare nulla. Le prove vennero considerate insufficienti per dimostrare che l'uomo in questione avesse commesso il furto, nonostante solo le nostre due famiglie fossero presenti al momento. Il trattamento di questo episodio alla fine mi ha aiutato a sottolineare come gli oligarchi possano manipolare e sfruttare falsi pretesti per eludere ogni strumento burocratico, anche quando non strettamente necessario. Ho informato l'ufficio di quanto accaduto, e sembrava che tutti fossero solidali con la mia situazione. Dopo un po' di tempo, la vicepresidente dell'epoca, una donna, suggerì che avrei dovuto presentare un rapporto di furto alla polizia per ottenere il rimborso dell'importo rubato. Ho quindi presentato il rapporto che avevo fatto al nostro ufficio attraverso la stessa vicepresidente, ma alla fine il rimborso che ho ottenuto è stato effettuato con una giustificazione diversa. Questo episodio rappresentò il mio primo segno di sospetto riguardo alla loro condotta. Anche se ho consegnato il rapporto di polizia all'ufficio. In teoria, non ci sarebbe stato nulla di male se il rimborso fosse stato effettuato con la giustificazione corretta, dal mio punto di vista. Durante il periodo in cui gestivamo il progetto di accoglienza per gli immigrati, c'erano sempre tre lavoratori associati impegnati, spesso coinvolti nell'assistenza di circa 30 rifugiati contemporaneamente. Le spese da affrontare erano continue e praticamente quotidiane. Nonostante tutto, ero l'unico a cui non veniva fornita una carta di pagamento, anche se la maggior parte delle spese quotidiane ricadeva su di me. Questa circostanza potrebbe anche avere sfumature di razzismo, ma non è il punto focale del mio racconto. Inoltre, ero l'unico con una laurea universitaria in questo paese, ma non ho mai avuto voce in capitolo. Tuttavia, i miei colleghi si sono sempre affidati a me, e ci rispettavamo reciprocamente nel lavoro. La mia esperienza lavorativa con loro è stata senza dubbio positiva. Tuttavia, mi sono ritrovato relegato a un ruolo subalterno, come un semplice corriere, dai capi (gli oligarchi).

Il Ruolo Operativo del Mediatore Culturale e Linguistico

In poche parole, un mediatore culturale e linguistico svolge un ruolo cruciale all'interno di un'organizzazione che si occupa delle problematiche legate all'immigrazione in un paese. I suoi servizi sono concepiti per agevolare la comunicazione e la comprensione tra individui provenienti da diversi contesti culturali e linguistici, con tutte le sfumature che ne derivano. Il loro compito risulta fondamentale nella creazione di un ambiente inclusivo e di supporto per tutti gli individui, indipendentemente dal loro background culturale o linguistico.

Vorrei chiarire innanzitutto che il lavoro del mediatore culturale e linguistico non è riconosciuto come parte integrante del programma di integrazione dalle cooperative in questo paese. Siamo considerati un semplice strumento al loro servizio, da utilizzare a loro discrezione. La mia intenzione iniziale era nobile quando mi sono unito all'organizzazione. All'interno della cooperativa, i servizi che fornivo erano estesi: spaziavano dal ruolo di mediatore culturale e linguistico a consulente legale per gli immigrati, responsabile del programma contro il traffico di persone, responsabile delle controversie e responsabile del trasporto degli immigrati, solo per citarne alcuni. Ero sempre disponibile 24 ore al giorno in caso di emergenza eppure non venivo mai compensato per la disponibilità, anche se sarebbe stato giusto farlo. Consideravo il mio impegno un contributo al bene della società, un'incarnazione dell'ideale di solidarietà sociale. Mi occupavo anche delle loro necessità, come cibo e abbigliamento. La cooperativa sfruttava le mie competenze, le mie credenziali e il mio impegno per ottenere contratti, ma ero regolarmente impiegato solo come autista o come assistente sociale non qualificato. Il mio nome non compariva mai nei programmi ufficiali dell'organizzazione come persona responsabile di tutte queste attività, tranne occasionalmente durante le loro presentazioni quando la questione dell'immagine era in gioco per loro. Queste responsabilità venivano a volte condivise con i miei colleghi. Alla fine, questi compiti venivano considerati inutili dagli oligarchi, poiché il loro interesse era concentrato non sugli obiettivi e sui risultati dell'organizzazione, ma su ciò che potevano guadagnare dall'organizzazione fintanto che rimanevano nelle loro posizioni.

Le Mie Esperienze con Incongruenze Organizzative e Contrattuali

In un giorno memorabile, ho partecipato a una conferenza durante la quale sono state divulgate le entusiasmanti notizie di finanziamenti per un ambizioso progetto finalizzato a risolvere un problema cruciale di cui il paese si interessava. Purtroppo, la realtà si è rivelata molto diversa: tra le migliaia di beneficiari previsti, solo alcuni avevano effettivamente tratto beneficio da questo progetto. D'altra parte, coloro che avevano ottenuto il contratto, spesso basato solo su requisiti burocratici solo su carta (privi di competenze effettive), sembravano non avere alcun interesse nei reali bisogni delle persone coinvolte o della società che cerca di risolvere un problema. Era sconcertante notare come questi fornitori, invece di indirizzare le risorse verso il benessere collettivo, stessero godendo di una vita di lusso grazie agli enormi profitti accumulati. In altre parole, sembra che il sistema sia progettato per favorire coloro che hanno già potere e risorse, mettendo più ostacoli per coloro che hanno meno a loro disposizione. È ancora più sorprendente osservare che, in questo paese, ogni iniziativa volta ad aiutare i meno fortunati finisce spesso con la creazione di burocrazie interne e il mantenimento di uffici amministrativi, con stipendi e benefici sproporzionati per gli oligarchi. Nel frattempo, coloro che ne avrebbero dovuto beneficiare sono spesso lasciati indietro con poco o nulla. Questo scenario paradossale sembra perpetuare la dipendenza dei meno fortunati da coloro che dovrebbero servire una causa più elevata, perpetuando così un ciclo di sfruttamento.

Le mie esperienze nel campo del lavoro sociale mi hanno condotto a una rivelazione importante, che ho imparato nel tempo: ho notato che quando il profitto dipende dal numero di individui svantaggiati o pazienti coinvolti nei progetti finanziati dal settore privato con fondi pubblici, c'è sempre il rischio di favorire l'arricchimento personale; La paura di perdere un lavoro o un contratto diventa un ostacolo per fornire servizi di alta qualità, spingendo l'aspetto monetario del progetto in primo piano nell'attenzione di una persona; La burocrazia all'interno di un sistema democratico può spesso diventare sovraesposta e ostacolare le persone con meno opportunità, rendendo la loro già svantaggiata situazione a causa di povertà, malattia e altre difficoltà ancora più difficile; In altre parole, sembra che il sistema favorisca coloro che sono già potenti e ricchi, rendendo la strada più difficile per coloro che hanno meno a loro disposizione.

Esperienza Personale in un Progetto Insensato

Le persone bisognose si trovano spesso private dei loro diritti a causa di costose sfide burocratiche nella presentazione di un reclamo, creando una dipendenza perpetua e uno sfruttamento costante a favore degli oligarchi. Questo porta a un ciclo senza fine in cui i meno fortunati sono costretti al silenzio o alla sottomissione perché ogni altra opzione è semplicemente troppo costosa in termini di tempo e conoscenza. Inoltre, non c'è garanzia che otterranno l'attenzione che meritano; al contrario, l'azione potrebbe peggiorare ulteriormente la loro situazione. Ho partecipato direttamente a un'iniziativa in cui fondi erano stati destinati ad aiutare le famiglie in difficoltà. Questo progetto, appaltato alla cooperativa dal comune, richiedeva effettivamente una spesa di 100 euro ma costava 750 euro mensili per ogni assistenza. Questo esempio mostra come le persone vulnerabili siano sfruttate e ingannate da coloro che hanno potere e controllo. Credo che un progetto del genere avrebbe avuto maggior valore ed essere stato più efficace se fosse stato gestito direttamente dai servizi sociali del comune, per beneficiare direttamente le persone coinvolte piuttosto che esternalizzarlo a terzi. "Penso che questa ridondanza e queste connessioni superflue siano deliberate per agevolare burocraticamente l'intento di corruzione". Ho avuto varie esperienze in contesti lavorativi diversi che potrei condividere per offrire una comprensione più approfondita della complessità di queste situazioni di impedimento strutturale. Tuttavia, la mia capacità di comunicare è limitata dall'arduo sforzo letterario richiesto per descrivere ogni dettaglio esaustivamente.

Addetto Manutentore Incompetente

Ogni coordinatore di progetto agisce come un signore feudale, operando in una sorta di regno medievale segnato dall'abbandono. Questo stile di gestione ha portato a uno spreco significativo di risorse umane e finanziarie all'interno della cooperativa, una incongruenza evidente con i tempi moderni. In diverse occasioni, ho osservato risorse di ogni tipo essere sperperate senza alcun controllo. Ad esempio, una persona assegnata al ruolo di manutenzione, favorita dalle oligarchie a causa della sua sottomissione, mancava delle competenze necessarie. Il suo compito principale era fornire loro informazioni su coloro che si opponevano ai loro interessi. Questo responsabile della manutenzione faceva spesso viaggi di oltre 50 km, consumando tempo e risorse, forse solo per cambiare una singola lampadina in una delle case della cooperativa. Ogni volta che scambiavo i veicoli della cooperativa per lavoro con lui, trovavo sempre un assortimento di materiali inutilizzati nei veicoli, dimostrando imprudenza ma spese convenienti per i suoi interessi personali e per il suo uso personale, grazie alla sua libertà nell'uso dei fondi della cooperativa.

Licenziamento Ingiusto per il Bene Comune: Riunioni e Inganno Sociale

Un esempio tangibile di ingiustizia si manifesta attraverso il licenziamento di uno dei dipendenti più appassionati di una cooperativa. Questa persona aveva sviluppato una profonda comprensione del progetto in cui era coinvolta, grazie alla sua dedizione e passione. La sua conoscenza aveva raggiunto un punto in cui era diventata una risorsa fondamentale, ma il suo licenziamento ha portato alla perdita irreparabile di questa preziosa competenza. Questo tipo di atteggiamento si trova anche nel modo in cui la nostra cooperativa ha interrotto il nostro progetto per scopi progressisti. Le riunioni che coinvolgono potere e posizioni di influenza sono principalmente riservate al presidente o a coloro che ha scelto, senza considerare le loro competenze o il valore che avrebbero potuto aggiungere migliorando le risorse necessarie. In questo modo, i lavoratori associati (membri) sono costretti ad allinearsi fermamente ancora di più con il centro delle procedure e del potere amministrativo per la loro sicurezza lavorativa, "perché ciò che non è mai stato fatto spesso crea paura" (un distanziamento sistematico degli altri dal centro di gestione), e lo sanno. Ricordo ancora quando giravamo tenendo riunioni insieme ad altre cooperative in vari luoghi per discutere su cosa fosse necessario fare per migliorare il sistema di gestione dell'accoglienza degli immigrati in questo paese. Era piuttosto divertente vedere che, come stava accadendo anche nella maggior parte delle altre cooperative, eravamo sempre rappresentati da quei lavoratori che non sapevano nemmeno cosa fosse necessario fare o da quelli che non volevano finire nella lista nera del presidente ma erano selezionati dai vari presidenti stessi. Questi rappresentanti partecipano a queste riunioni senza poter contribuire nulla alla riunione ma solo per prendere appunti e riferire informazioni all'ufficio per le decisioni dell'oligarchia, sapendo nulla, ad esempio, sull'immigrazione. Il sistema sembra malato, poiché l'interesse personale assume un ruolo predominante, generando ulteriori problemi. Nelle riunioni, la partecipazione alle discussioni era spesso riservata a pochi individui, mentre altri erano esclusi dal dibattito, contribuendo a creare un ambiente sfavorevole al coinvolgimento collettivo. Un esempio personale di questa dinamica è stato durante una delle poche riunioni a cui ho avuto l'opportunità di partecipare.

Durante la mia partecipazione a una discussione su un argomento in cui ero esperto, il moderatore ha chiesto in modo brusco la mia identità in maniera piuttosto sgarbata. Inoltre, in un altro corso a cui ho partecipato, l'insegnante mi ha interrotto più volte, accusandomi di monopolizzare la discussione condividendo informazioni, anche se stavamo svolgendo un esercizio di gruppo. Queste informazioni, tuttavia, avrebbero potuto essere utili per coloro che erano relativamente nuovi nell'argomento e avrebbero tratto vantaggio da ulteriori approfondimenti per una riflessione più approfondita sull'argomento in questione.

In quel contesto, stavo condividendo le mie esperienze personali con gli altri per fornire una prospettiva più ampia sulle questioni in discussione. Essendo l'unico con un'ampia esperienza culturale, anche temporalmente e realisticamente, ho ritenuto importante condividere le mie opinioni per contribuire alla risoluzione delle dispute. Queste esperienze denotano un problema strutturale che limita la condivisione della conoscenza a vantaggio della comunità.

L'Ingiusta Delega delle Questioni Sociali alle Cooperative Piuttosto che all'Amministrazione Pubblica

Oggi, la cooperativa è diventata il punto focale di un complesso inganno sociale. La maggior parte delle cooperative sembra aver assunto deliberatamente posizioni che riflettono un sistema che tollera abusi umani. In questo modo, si crede anche che la cooperativa sia l'unica entità in grado di affrontare la situazione per la sua lunga associazione con le questioni sociali delle rispettive comunità. Questo atteggiamento potrebbe essere il risultato di un'attenta analisi di come il sistema attuale permetta tali abusi, ma allo stesso tempo potrebbe rappresentare una forma di complessità intenzionale che respinge l'azione dell'amministrazione pubblica. Nasce così una situazione complessa e problematica, suggerendo che solo la cooperativa possiede falsamente i mezzi per affrontarla. Formulazioni burocratiche sproporzionate da parte del Governo Centrale nel settore potrebbero essere il risultato di continue richieste di finanziamento da parte delle cooperative. Allo stesso tempo, mancano suggerimenti da parte delle cooperative per l'attuazione di strategie innovative che ridurrebbero le spese in modo sostenibile. Ciò potrebbe indicare una volontà sistematica delle cooperative di allontanare l'amministrazione pubblica dalle questioni sociali, lasciando che lo Stato cerchi di affrontare le frodi attraverso una legislazione sempre più burocratica. In conclusione, la delega delle questioni sociali alle cooperative sembra essere un modo per tenere lontano lo Stato dalla risoluzione di tali problemi, a causa di una mancanza di comprensione su come procedere. Questa complessità intrinseca porta a un ciclo ingannevole che perpetua un sistema che potrebbe essere gestito più efficacemente dall'amministrazione pubblica.

Gestione dell'Ospitalità: Una Riflessione su Cultura e Inganno Sociale

All'interno di questo specifico progetto di ospitalità, pongo una domanda: coloro coinvolti nelle cooperative hanno seriamente esaminato il significato della parola 'cultura', in particolare il concetto di "mediatore culturale"?

Nonostante la presenza di sociologi, psicologi, antropologi e figure simili che sono abili nel parlare retoricamente di queste questioni in pubblico, la realtà è che la loro comprensione e consapevolezza di queste stesse questioni possono differire, e sembra che questo aspetto venga spesso trascurato.

Nella pratica, potrebbe esserci una disparità tra il loro discorso pubblico e le loro prospettive personali su questi temi. Nel mio precedente impegno, ho cercato di definire strutturalmente una forma autentica di interazione e aiuto reciproco all'interno del concetto di 'ospitalità'. Questo sforzo mirava a fornire un modello per un utilizzo futuro, una guida che potesse aiutare chiunque fosse nuovo nel campo. In altre parole, ho cercato di promuovere un progetto di inclusione sostenibile coinvolgendo i miei colleghi. Nonostante gli sforzi congiunti con altri operatori del progetto, i poteri decisionali delle oligarchie all'interno della cooperativa ostacolavano spesso la formulazione di un'ospitalità autentica e sostenibile che abbracciasse una vera reintegrazione sociale. Invece, gli immigrati venivano spesso visti come un modo per generare profitti, con poca attenzione ai loro bisogni sociali e un'agenda guidata da un atteggiamento paternalistico piuttosto che da inclusione. Ogni volta che cercavo di portare questo problema alla loro attenzione, venivo ignorato o trattato con disprezzo. Sembrava che la mia proposta fosse considerata fastidiosa. Credo fermamente che l'esperienza collettiva e l'educazione attuale siano essenziali per affrontare le sfide future, specialmente nel campo sociale, poiché coinvolgono vite e realtà tangibili.

La Figura del Presidente: Autocrazia e Abuso di Potere

Il presidente, figura centrale all'interno di questa cooperativa, sembra detenere un potere eccessivo e lo utilizza per perseguire interessi personali. Le riunioni con le oligarchie che governano la cooperativa sembrano servire solo come pretesto, un modo per distogliere l'attenzione da decisioni autocratiche. Questo sistema è progettato per offuscare la trasparenza e confondere le acque, trasformando il Consiglio di Amministrazione (CDA) burocraticamente in un mezzo per giustificare le azioni del presidente. Il presidente utilizza la forza finanziaria dell'organizzazione per opprimere o eliminare qualsiasi membro dell'organizzazione che cerchi di essere un ostacolo sul suo cammino verso il guadagno personale. La vettura di lusso del presidente, acquistata con fondi della cooperativa, e quasi tutti i loro vizi sono finanziati dalla stessa cooperativa. Questi sono solo alcuni esempi di come il sistema finanziario sia abusato per il guadagno personale. Anche gli altri vicepresidenti sembrano godere di privilegi simili, e tutti sembrano considerarsi al di sopra delle regole statutarie in modo velato. Il presidente è diventato presidente prima che io entrassi a far parte dell'organizzazione circa 7 anni fa, molto tempo prima di scrivere questo libro. Il presidente sembra desiderare di mantenere questa posizione a lungo termine, dirigendo le risorse della cooperativa verso i suoi interessi personali senza preoccuparsi del futuro della cooperativa. Questa ambizione eccessiva e autocrazia possono avere un impatto devastante sulla comunità, con i bisogni dei meno fortunati sacrificati per il guadagno personale. Inoltre, la dipendenza perpetua e l'assenza di miglioramenti nelle condizioni dei beneficiari del progetto sollevano domande sulla vera intenzione della cooperativa. Le persone dovrebbero essere al centro dell'attenzione, ma sembra che il denaro abbia avuto la precedenza, portando a una serie di problemi etici e sociali. In conclusione, è cruciale ripensare a come vengono gestiti questi progetti, concentrandosi sui beneficiari e sull'inclusione. Tutto il contesto mi lascia perplesso, specialmente dato che non sono un esperto di psicologia (anche se ho sviluppato una comprensione di base attraverso esperienze vissute e intuizioni personali), eppure sono riuscito a contribuire con successo in vari casi che coinvolgevano problemi psicologici e psichiatrici riscontrati tra gli immigrati durante il mio lavoro con loro. È essenziale sottolineare che ho potuto farlo grazie alla collaborazione degli ospedali pubblici e al supporto di veri esperti del settore. Detto questo, mi chiedo: perché la grande maggioranza dei pazienti che partecipano al programma della cooperativa sembrano destinati a dipendere da farmaci e a essere ospitati a lungo termine? Questa dipendenza sembra trasformarsi in una sorta di imprigionamento perpetuo, sollevando domande importanti. Eppure, ho una risposta che posso offrire sinceramente: sembra essere esclusivamente una questione di "denaro, senza alcuna considerazione per le vite sfortunate coinvolte o per il benessere della società o di tutta l'umanità". È come se le cooperative, nel nome dei disagiati, avessero fatto dell'interesse finanziario la loro unica preoccupazione. Questo stato di cose dovrebbe cambiare in modo che l'obiettivo principale non sia più la ricchezza accumulata a spese dei meno fortunati, ma piuttosto il benessere e il progresso di tutti. È ora che le cooperative pongano fine a questa corsa spericolata al denaro e si concentrino invece su un impegno autentico verso la guarigione, l'indipendenza e il miglioramento della vita di coloro che cercano aiuto. Ripeto: la cooperativa dovrebbe smettere di sfruttare i bisogni dei meno fortunati per il proprio guadagno e concentrarsi invece su un autentico impegno sociale. Solo così possiamo sperare in una società più equa e compassionevole, dove la cooperazione autentica supera la cieca ricerca del guadagno finanziario.

Episodi Anti-Solidarietà: Riflessioni su Società e Inganno

Sorge una domanda di riflessione: a quale scopo serve un sistema di assistenza in una società democratica? Il concetto di assistenza dovrebbe garantire aiuto e benessere per i cittadini. L'interconnessione tra assistenza e democrazia richiede la partecipazione responsabile di tutti i cittadini, creando una sinergia che dovrebbe portare al benessere collettivo e alla felicità. Tuttavia, nelle società odierna, le sfide legate a disabilità, povertà, malattia, detenzione, sfortuna e circostanze simili sono diventate opprimenti. Queste difficoltà non colpiscono solo coloro che sono direttamente coinvolti, ma impongono anche un notevole peso alle loro famiglie. Per loro, queste situazioni rappresentano spesso una condanna a vita, mentre la maggior parte della società rimane distante da tali realtà, afferrandole solo superficialmente attraverso i media. Tuttavia, esistono ampie prove che dimostrano come queste situazioni siano sfruttate per il guadagno personale delle cooperative. Spesso, quando vengono richiesti fondi al governo o ad altre organizzazioni a nome dei bisognosi, questi fondi vengono dirottati verso le élite delle cooperative. Un esempio evidente di questo fenomeno è evidente in numerose campagne pubblicitarie create per sostenere i meno fortunati. Tuttavia, i fondi raccolti non raggiungono sempre coloro che ne hanno bisogno, gonfiando invece le tasche delle élite delle cooperative. Considerate i contenitori per abiti o gli striscioni lasciati nei quartieri a nome dei bisognosi. Anche i corsi di formazione affidati alle cooperative a volte generano profitti anziché promuovere l'assistenza sociale. Questa mentalità distrugge la fiducia delle persone che donano beni o risorse in buona fede, vedendoli sfruttati per il profitto.

Gestione delle Attività per gli Ospiti della Comunità

Ricordo vividamente numerose riunioni incentrate sulla gestione dei servizi per gli ospiti nelle nostre strutture di salute mentale. Ancora oggi, sono sconvolto da alcune affermazioni gestionali che suggeriscono una mancanza di preoccupazione per coloro che frequentano la scuola o partecipano ad attività ricreative, specialmente quando gli ospiti sono sotto l'influenza di sostanze psicotrope. Questa mentalità è inaccettabile e riflette un approccio che prioritizza la riduzione dei costi del progetto piuttosto che il miglioramento della vita di coloro coinvolti. In passato, mi sono imbattuto in un interessante programma di laurea magistrale presso l'Università di Padova. Esprimendo il mio interesse, ho chiesto il permesso ai leader della cooperativa di partecipare e prendere qualche giorno di pausa, ma la mia richiesta è stata categoricamente respinta. Il loro focus sembra essere esclusivamente sul mio precario impiego, trascurando qualsiasi miglioramento nel mio contributo all'intero progetto. Successivamente, ho scoperto che due membri dello stesso gruppo erano iscritti a programmi educativi: una, la vicepresidente donna, perseguiva una laurea magistrale, mentre l'altra svolgeva il ruolo di pedina per conseguire una laurea triennale. Questa rivelazione ha sollevato sospetti di pratiche ingannevoli.

Sospetto di Dichiarazioni Fittizie: L'Inganno Svelato

In un giorno come qualunque, mi sono ritrovato ad accompagnare il nostro nuovo contabile presso un ufficio pubblico. Questo individuo è stato assunto dopo il cambio di tre contabili, sembrando alla ricerca di qualcuno disposto a collimare con i loro piani dubbiosi. Sembrava essere la scelta giusta: un giovane facilmente manipolabile con aspirazioni di potere, opportunamente collegato come cognato di un fervente sostenitore. Non potevano evitare di farmi accompagnare lui poiché i miei colleghi erano tutti indisponibili. Questo segna l'inizio di un racconto che coinvolge dichiarazioni finanziarie fuorvianti e sospette.

Mentre esaminavo i bilanci presentati all'ufficio, ho notato spese che sembravano inverosimili per il nostro progetto. Purtroppo, la mia curiosità è stata limitata dalla mancanza di opportunità di verifica, poiché i servizi menzionati non sono mai stati eseguiti nel nostro progetto cooperativo. Trovare tali bilanci finanziari discutibili negli uffici pubblici è diventata una crescente preoccupazione. I bilanci contenevano spese e titoli di servizi non correlati al nostro progetto di accoglienza per immigrati, e i fondi sembravano scomparire in canali oscuri, deviando risorse preziose dalla cooperativa a cassette personali. Quando sono emerse lamentele sulla situazione finanziaria, ho compreso la realtà della situazione: i lavoratori sarebbero stati alla fine chiamati a rispondere per comportamenti disonesti e furto sistematico dalla cooperativa.

La documentazione presentata per firme o approvazioni sembrava spesso unilaterale durante le assemblee. Eravamo costretti a dare il consenso senza accesso a verifiche, spinti dal fatto che la nostra sopravvivenza dipendeva dalla cooperativa. Nonostante la nostra insoddisfazione, le proteste sono rimaste segrete. Le risorse della cooperativa sembravano concentrate nelle mani di tre individui. Per beneficiarne, bisognava allinearsi con loro, diventare la loro marionetta personale e perseguire i loro obiettivi, spesso a spese della solidarietà sociale. Questa situazione diventa più problematica considerando che il Consiglio di Amministrazione (CDA) esiste solo sulla carta, enfatizzando la burocrazia più che la reale responsabilità. Alcuni accettavano queste condizioni, sacrificando etica, dignità umana e persino convinzioni spirituali. Coloro che resistevano affrontavano spesso conseguenze negative. Solo i leader corrotti avevano l'autorità di approvare le spese cooperative, che includevano assegnazioni a terzi o individui considerati "sostenitori ferventi". Le loro decisioni finanziarie si estendevano all'organizzazione di eventi, feste, cene e distribuzioni di regali, tutto con l'obiettivo di coltivare e preservare la propria immagine personale. Paradossalmente, questa pratica viene giustificata come una strategia volta a promuovere gli interessi complessivi della cooperativa. Ribadisco: questa situazione è ulteriormente complicata dal fatto che il Consiglio di Amministrazione (CDA) esiste solo sulla carta, privilegiando la burocrazia rispetto a una responsabilità autentica.

Sfruttamento dei Lavoratori: Un Sistema Allarmante

La mia esperienza come autista per questa cooperativa è stata più che deludente. Ogni giorno mi è stato affidato il compito di consegnare cibo e materiali in varie località in modo indiscriminato, spesso in maniera irrealistica e in luoghi lontani, considerando il traffico e le condizioni logistiche. Per rispettare gli stretti tempi di consegna, ho finito per violare leggi e regolamenti del traffico. Una volta, le telecamere hanno ripreso il mio comportamento imprudente, e ho dovuto pagare una multa di tasca mia in base alle politiche della cooperativa. Se Amazon è spesso criticata per le sue pratiche ingiuste verso i corrieri, è altrettanto importante attirare l'attenzione sulla cooperativa per cui ho lavorato. Quest'ultima, insieme ad altre simili, ha dimostrato un approccio ancora peggiore in termini di operazioni e trattamento dei suoi autisti. Prendi il mio caso come esempio: quando lavoravo al progetto di accoglienza per immigrati, non venivo pagato adeguatamente secondo un contratto regolare, come è successo in alcune altre cooperative. Nonostante il mio impegno 24/7, anche durante le ferie, le mie ore non venivano considerate. In questa cooperativa, molti lavoratori sono sottopagati; alcuni ricevono persino meno delle ore lavorate, mentre altri sono costretti a lavorare gratuitamente o segretamente per le élite. Questo fenomeno non rappresenta forse una forma moderna di "caporalato"? Durante l'epidemia di COVID-19, abbiamo dovuto affrontare condizioni di lavoro non sicure. Specialmente nelle case di riposo, mancavano dispositivi di protezione adeguati. Chi osava sollevare una critica veniva considerato un traditore piuttosto che un alleato di fronte a una crisi. Questa cultura del silenzio ha impedito una gestione efficace della situazione, mettendo a rischio la salute di tutti. La sicurezza dei lavoratori dovrebbe essere una priorità aziendale, ma sembra che questo concetto venga spesso sacrificato per il profitto.

Le proposte ignorate a favore della cooperazione

Mi sono fatto avanti con una proposta che ritenevo potesse contribuire a risolvere il problema dell'immigrazione in questo paese in modo unico. I miei colleghi hanno accolto la proposta con entusiasmo, ma i cosiddetti leader si sono dimostrati timidi e scettici nei suoi confronti. Non erano favorevoli alla coesione tra i lavoratori associati nella sezione dedicata agli immigrati all'interno della cooperativa. L'idea di vederci lavorare insieme in pace li ha infastiditi, temendo che minacciasse la loro posizione. Non erano propensi ad accettare il motto "insieme staremo in piedi, divisi cadremo". Preferivano ancora seguire una filosofia obsoleta che propagandava la divisione come mezzo per restare o ottenere il potere.

Tuttavia, il problema si estendeva all'operatività stessa della sezione immigrati nella cooperativa. Nonostante fosse uno dei progetti più redditizi, se non addirittura il più redditizio, era paradossalmente mantenuto nell'ombra. Era unico nel suo genere, un progetto senza difetti deliberati, orientato al miglioramento delle competenze e al costante sviluppo. Ma perché veniva tenuto nascosto? Fino ad oggi, questa domanda è rimasta senza risposta.

Contrasti interni: La lotta per l'Equilibrio

Percorso di cambiamento: Dall'Obsoleta ideologia al Progresso

La strategia e la pianificazione dei "padroni" spesso si basavano sull'idea di "così è sempre stato fatto, quindi continueremo a farlo". Questa mentalità obsoleta ha lasciato poco spazio all'innovazione e al miglioramento della comunità. Invece di investire nell'analisi approfondita della situazione, abbiamo bisogno di adottare un approccio progressivo e sostenibile per soddisfare le esigenze attuali. Dobbiamo costruire un rapporto basato su valutazioni razionali e non su ideologie obsolete. Questo è fondamentale per creare una convivenza umana efficace e armoniosa.

Per me, uno dei più significativi progressi intellettuali dell'umanità è la nostra capacità di ragionamento razionale. Questa abilità dovrebbe guidare le nostre scelte, specialmente quando si tratta di questioni sociali complesse.

La "Riforma Salvini" dell'Ospitalità per Immigrati: Analisi e Riflessioni

Recentemente, mi sono interrogato sul contributo della cooperativa nell'affrontare il problema dell'immigrazione, oltre a rispondere alle misure di bilancio e alle riforme del Ministero competente. La "Riforma Salvini" riguardante gli immigrati, parte del cosiddetto "Decreto Salvini sull'Immigrazione e la Sicurezza" approvato nel settembre 2018, ha affrontato la questione in modo deciso, seppur non in modo esaustivo e in modo un po' confuso a causa della mancanza di una formulazione strutturale fondamentale rispetto alla situazione attuale. Pur potendo essere migliorata, ha rappresentato un passo avanti nell'affrontare un problema sociale spinoso. Tuttavia, la mancanza di collaborazione da parte di coloro che avrebbero dovuto sostenere l'iniziativa ne ha reso difficile il successo. Questo problema è sintomatico di una situazione già caotica in cui gli interessi nazionali dovrebbero prevalere sulle considerazioni politiche (perché il suo partito è stato lasciato solo ad affrontare il problema, favorendo alla fine l'oligarchia). Il Ministro aveva ragione riguardo agli eccessivi fondi allocati al programma, che erano anche accompagnati da una burocrazia ridondante. La riforma getta le basi per la modernizzazione dell'ospitalità per immigrati in Italia. Questo argomento sarà ulteriormente esplorato da me in un momento opportuno in un futuro analisi di regolamentazione sostenibile dell'immigrazione. In conclusione, il cammino verso un cambiamento sostenibile richiede un approccio razionale e un impegno costante per il bene della società. Se manca la leadership, l'intero sistema ne soffrirà, proprio come un corpo senza una testa che guida le sue azioni.

Considerazioni sulla Simpatia Politica e sull'Approccio alla Giustizia Sociale

Nonostante non mi identifichi con le posizioni della Destra politica, sono convinto che la giustizia debba sempre essere riconosciuta per il nostro bene comune. La società civile si basa sul fondamento della giustizia sociale come principio fondamentale. Le mie osservazioni sul mondo sociale e sulle sue leggi si basano su solide fondamenta intellettuali, mirando a essere coerenti con la realtà in cui viviamo. Ciò implica che i principi sociali che seguo sono guidati da una valutazione razionale, senza essere influenzati da ideologie, colori politici o differenze etniche. Dobbiamo costantemente ricordarci che l'umanità è al centro delle nostre circostanze e tutto ciò che ci circonda ne fa parte. Tuttavia, mi discosto per un momento dal tema principale.

L'Ascesa al Potere del Movimento 5 Stelle e della Lega Nord

Quando il Movimento 5 Stelle e la Lega Nord sono arrivati al potere in Italia il 1° giugno 2018, con Matteo Salvini come Ministro degli Affari Interni, c'è stato un fermento di interesse tra gli oligarchi cooperativi e i beneficiari del sistema. Questa riforma era stata richiesta più volte durante la campagna elettorale dalla Lega. Questo periodo ha rivelato quanto fossero influenti gli oligarchi cooperativi grazie alle loro abilità di lobbying. Tuttavia, va notato che fino all'inizio di questo resoconto, non c'era stato un vero cambiamento in termini di riforma, specialmente per quanto riguarda il finanziamento del 'progetto di accoglienza per immigrati'. Ciò sottolinea il fatto che i poveri e bisognosi possono essere considerati fonti di profitto per i veri proprietari delle cooperative, che a volte sono lontani dall'idea di solidarietà sociale. La riforma potrebbe essere stata adottata sulla carta, ma la sua attuazione è stata ostacolata dall'influenza degli oligarchi. Uno sguardo più attento avrebbe rivelato che il problema principale non riguardava solo la vita degli immigrati o le difficoltà del paese nel gestire la situazione, ma anche la riforma finanziaria delle istituzioni coinvolte nell'immigrazione.

La Chiusura e la Ripresa del Progetto di Immigrazione

Quando la riforma sull'ospitalità è stata promulgata il 24 settembre 2018, la nostra cooperativa ha deciso di chiudere il progetto di immigrazione, anche se non c'era alcun deficit finanziario con il nuovo decreto. Tuttavia, quando si è presentata l'opportunità di ottenere enormi profitti dalla sfortunata tragedia in Ucraina, la cooperativa ha deciso di riprendere l'attività, ma solo per ciniche ragioni di profitto e non per motivi umanitari. Il nostro unico problema era che stavamo perdendo la comodità di guadagnare profitti abbondanti.

Breve Riflessione sull'Immigrazione

L'immigrazione può avere valore solo se è sostenibile. Non sto considerando solo l'aspetto superficiale, come la necessità di atleti o lavoratori non specializzati, che sono i tipi di immigrati più celebrati in Italia. L'aggiornamento culturale è essenziale, compreso l'acquisizione di competenze tecniche, politiche e sociali, insieme a un'orientazione culturale arricchita da valori distinti. Questo dovrebbe andare oltre la solidarietà. Inoltre, è necessaria una riforma completa sia dall'alto verso il basso che dal basso verso l'alto per creare una società stabile e potente che abbracci l'evoluzione e l'innovazione.

Indagine sul Disfunzionamento del Sistema Cooperativo e la Mia Crescente Consapevolezza

L'inizio della mia ricerca per comprendere la situazione all'interno del sistema cooperativo e il suo malfunzionamento è stato guidato dalla mia osservazione dell'incongruenza tra la realtà e gli obiettivi degli oligarchi cooperativi. Al fine di essere più umanamente e culturalmente consapevole e sicuro di ciò che stava accadendo, di comprendere il caso e di essere in grado di raccontare i fatti in modo chiaro e oggettivo. Questo atteggiamento discutibile mi ha spinto ad approfondire la situazione, aprendo gli occhi oltre le apparenze superficiali. Ho intrapreso questa ricerca con l'obiettivo di diventare più consapevole e informato sulla situazione in modo da poter raccontare i fatti in modo chiaro e oggettivo. Ho condiviso le mie preoccupazioni con i colleghi per avere una discussione aperta sulla situazione. Molti di loro hanno riconosciuto la corruzione all'interno del sistema cooperativo. Alcuni hanno persino deciso di lasciare il lavoro per evitare ulteriori problemi.

È interessante notare che a volte le persone decidono di andarsene non solo per cercare migliori opportunità di lavoro, ma a causa dell'umiliazione che devono subire sul posto di lavoro. Infatti, ho notato che quando si tratta di italiani che lasciano il lavoro, non è necessariamente un atteggiamento di ricerca di un impiego migliore, ma spesso è dovuto all'umiliazione che devono sopportare sul lavoro. Altri decidono di rimanere per i loro interessi personali, non tanto per quelli della cooperativa, con l'atteggiamento del "non me ne importa". Tuttavia, nessuno di loro era pronto a unirsi a me nel cercare di capire cosa potesse essere fatto per migliorare le cose.

Nella nostra cooperativa, ci sono persone che tendono ad avere un atteggiamento frivolo nei confronti dei nostri veicoli, scambiandoli spesso rapidamente per soddisfare le loro esigenze di comodità o svago. A volte possono cambiare fino a quattro veicoli in un solo giorno, mentre altri sono costretti a utilizzare le proprie auto per compiti cooperativi. Tuttavia, questa tendenza ha un impatto significativo sui costi che dobbiamo affrontare, compresi carburanti, assicurazioni, manutenzione, materiali, rimborsi e così via. Oltre allo spreco evidente di risorse materiali, temporali e umane.

C'era un'opzione più responsabile e razionale, che avrebbe consistito nel nominare uno degli esperti logistici della nostra cooperativa per supervisionare la manutenzione dei nostri veicoli, ma ciò non è stato fatto. In questo modo, si sarebbe potuto evitare l'acquisto di nuovi veicoli non necessari, riducendo i costi associati e promuovendo una cultura di rispetto e responsabilità condivisa per le risorse disponibili.

La mancanza di comunicazione efficace è stato uno dei fattori che ha contribuito a questa situazione. Gli oligarchi preferivano coloro che erano pronti a dire "sì, signore", piuttosto che collaboratori genuinamente coinvolti. Questo atteggiamento ha portato a un ambiente di lavoro disfunzionale e ha ostacolato una riflessione reale sulla solidarietà sociale. Così, anche coloro che venivano scelti beneficiavano della cooperativa, seppur in misura minore. Questa è stata la prima volta che ho lavorato con un gruppo così terribile di intellettuali ignoranti del valore della "collettività", dotati solo di egocentrismo superficiale.

Ho cercato di sollevare questioni con i leader come collaboratore e membro della cooperativa nella speranza di riflettere sul tema della solidarietà sociale, ma la mia razionalità è stata fraintesa e il mio rapporto con loro è peggiorato. Inoltre, ho notato un trattamento parziale da parte dei leader. Quando le questioni riguardavano i miei colleghi, le soluzioni erano spesso punitive piuttosto che correttive. Invece, quando loro stessi erano coinvolti, spesso ignoravano completamente la situazione. Questa mancanza di chiarezza e coerenza è segno di un sistema che funziona male.

Ho cercato di affrontare gli oligarchi, ma il mio tentativo è stato respinto e ho cominciato a capire il loro egoismo e la mancanza di interesse per il bene comune. Questo tipo di trattamento parziale e diverso a seconda delle persone non è il modo giusto per affrontare i problemi legittimi dei lavoratori associati (membri) secondo l'accordo cooperativo. A volte, sono riuscito a incontrare uno dei leader negli uffici durante l'orario di lavoro dopo molti sforzi vani, solo per discutere dell'efficienza dei nostri servizi e della possibilità di sostenere i costi da soli. L'assenza di un metodo di comunicazione efficace e la mancanza di rispetto per i principi cooperativi hanno portato a uno spreco di risorse materiali e umane. Ho suggerito che un esperto logistico supervisionasse la manutenzione dei veicoli, ma questa opzione non è stata considerata, portando a costi e sprechi eccessivi. Tuttavia, non pensavo mai che la situazione fosse sempre peggio come questa.

In passato, pensavo che ci fosse la volontà di lavorare insieme, ma nel tempo ho capito che non c'era alcuna collaborazione. La mancanza di comunicazione ha favorito la divisione all'interno del gruppo. Mi sono trovato a dover affrontare gli oligarchi, ma ho capito che il mio approccio non era gradito. Perché mi ascoltavano solo di sfuggita, mettendomi sotto pressione solo se la nostra interazione poteva essere utile ai loro interessi personali, non al nostro interesse comune. Questo è diventato l'unico modo per parlare con loro, poiché ai coordinatori non era consentito prendere decisioni, nemmeno le più semplici.

Ogni volta che affrontavamo dispute sul posto di lavoro, invece di invitare entrambe le parti coinvolte a risolvere il problema, trasformavano il disaccordo in pettegolezzo per favorire una strategia di divisione all'interno del gruppo a loro vantaggio. Ricordo che un giorno ho avuto l'opportunità di parlare con i tre oligarchi di questa grave situazione nella cooperativa. Siamo arrivati al punto di discutere perché non licenziare le persone senza giustificazioni valide, invece di cercare sempre di raggiungere un accordo prima di escluderle dalla cooperativa: se avevano motivi legittimi? Ho fatto loro questa domanda quando cercavano sempre di incolpare gli altri per l'imbarazzante situazione della cooperativa, ma non ho ricevuto una risposta convincente.

Per questa ragione sopra menzionata, ho deciso di confrontarmi con gli oligarchi esprimendo che non era il modo migliore per trattare i membri che lavorano in solidarietà e collaborazione. Mi è stato detto che non dovevano agire secondo le mie aspettative, il che era anche diplomaticamente corretto come risposta, ma era, in realtà, in un altro modo rovesciato l'intenzione dietro la risposta era diabolica e astuta. Per me, quell'atteggiamento era cinico ed egoista e non risolveva il nostro problema collettivo: perché la realtà sul campo giustifica la situazione attuale! La mia osservazione è stata vista come una minaccia da parte loro. A questo punto, ho iniziato a capire il loro gioco, e hanno iniziato anche a tenermi d'occhio. Mi chiedevo continuamente se fosse possibile costruire nel tempo un'etica del lavoro e della cooperazione in modo razionale, oltre a un inutile culto di una solidarietà antisociale? La confusione senza motivo nel nucleo del sistema manca di elementi concreti, un senso di norma cooperativa e disciplina civile, favorendo l'incompetenza diffusa senza prove di efficienza e sostenibilità delle risorse. Questa situazione ha anche portato a una comunicazione riluttante tra i lavoratori associati, uniti solo da chiacchiere superficiali senza un vero scambio di valore sociale. Ho cominciato a capire che il sistema era incentrato sugli interessi personali piuttosto che sulla solidarietà sociale. L'incapacità di costruire un'etica del lavoro e della cooperazione ha portato a un'inefficienza generale. La comunicazione tra i lavoratori era limitata e superficiale. In conclusione, ci troviamo di fronte a qualcosa che assomiglia al feudalesimo isolato nell'irrazionale mondo odierno, creato solo per interessi personali, proprio come un tempo! È essenziale affrontare questa situazione e cercare una soluzione sostenibile per promuovere una cooperazione reale e responsabile.

Un Cambio di Ruolo e la Scoperta di Coinvolgimenti Dubbi

Il cambio di ruolo che ho vissuto è stato un momento di grande sfida e rivelazione. Comprendendo vari aspetti delle nostre spese, avevo abbondanti prove per dimostrare che stavamo spendendo molto meno dell'assegnazione di fondi governativi recentemente divulgata dal Ministero di Salvini.

Mentre cercavo di evitare la chiusura del progetto di immigrazione, ho capito che i cosiddetti leader avevano già i loro piani in mente, senza coinvolgerci direttamente. Nonostante i miei sforzi nel farli ragionare e considerare le conseguenze, il progetto è stato chiuso. Ciò mi ha fatto riflettere sulla competenza dei leader e sulla loro volontà di preservare la loro sicurezza finanziaria a spese delle responsabilità assegnate. Questo comportamento può portare all'abuso di fondi e decisioni irrazionali. È stato un momento di grande delusione, poiché ho realizzato di non essere considerato un vero partner ma semplicemente un esecutore. Questa situazione mi ha insegnato che quando qualcuno è incompetente nel proprio lavoro assegnato, tende a dare priorità alla propria sicurezza finanziaria personale piuttosto che adempiere alle proprie responsabilità. Ciò può portare all'abuso di fondi a loro vantaggio. In realtà, avevano già i loro piani su cosa fare, e questi piani sono stati mantenuti segreti da noi operatori del progetto. Nessuno dei lavoratori associati è stato veramente considerato loro partner, come dovrebbe essere. Questo è stato uno dei momenti più tristi della mia vita, pieno di grande delusione. Ho deciso che forse era il momento giusto per me di lasciare la cooperativa dopo tutto ciò che avevo passato.

A causa della mia curiosità nell'approfondire la causa di ciò che stava accadendo, ho deciso di aspettare e vedere qual era l'altro obiettivo per sostituire il programma degli immigrati. Poiché avevano deciso di chiuderlo senza coinvolgere direttamente noi operatori del progetto interessati. È stato anche in quel momento che è scoppiata la pandemia di COVID-19, rendendo questo periodo ancora più complesso, ma è stato anche un periodo di apprendimento e crescita. Ho deciso di rimanere nella cooperativa per vedere qual era il loro nuovo progetto alternativo, coinvolgendo i tre di noi che gestivamo una volta il progetto di accoglienza degli immigrati. La decisione di rimanere in questa cooperativa è stata una delle decisioni più fruttuose che abbia mai preso da quando lavoro con loro. Dopo un po' di tempo nel mio nuovo ruolo di autista, ho imparato a capire che "l'ora più buia della notte è anche l'ora più vicina all'alba". In questa narrazione, sto solo grattando la superficie dell'intero problema che stavamo affrontando giorno dopo giorno. Ho sentito e visto molto più di quanto possa testimoniare su come ho vissuto questa situazione senza anima e materialistica.

La Mia Nuova Esperienza come Autista

La mia nuova esperienza come autista ha aperto i miei occhi alla realtà di questa cooperativa. Abbiamo diverse filiali in diversi comuni e gestiamo una vasta gamma di strutture, tra cui case di riposo, strutture psichiatriche, asili, servizi di ristorazione e personale di assistenza associato a diversi comuni, oltre a alcuni complessi sportivi, ecc.

Pensavo di aver visto abbastanza del loro comportamento antisociale per confermare le loro attività dubbie, ma il mio cambio di ruolo mi ha permesso di apprendere di più sulla loro realtà, fatti che avevo sentito solo dire prima. Questo mi ha fatto capire quanto fossero estese le attività della cooperativa e quanto fosse necessaria un'efficace coordinazione. Ho cominciato a chiedermi perché ci fossero così tanti autisti. La composizione del gruppo sembrava basata su relazioni personali piuttosto che su competenze. Ciò mi ha fatto riflettere sulla mancanza di efficienza strutturale e sulla gestione delle risorse umane. Ho cercato di suggerire miglioramenti, ma sono stato ostacolato dall'atteggiamento egocentrico degli oligarchi.

Come autista

In questa mia nuova mansione, eravamo 4 autisti. Non riuscivo a capire perché dovevamo essere così tanti. Questo è stato il mio pensiero guardando come eravamo stati tutti assunti:

-uno di noi era il padrino del figlio del presidente, che era impiegato con un grado di occupazione superiore;

- la nostra coordinatrice aveva anche la sua compagnia di trasporti, che era in competizione diretta con la nostra cooperativa;

-c'era un altro uomo del sud che lavorava a tempo parziale;

-e poi c'ero io, l'unico laureato, ma anche uno dei meno pagati insieme all'uomo originario del sud.

Insomma, non c'era abbastanza lavoro per tutti noi, il che dimostrava sicuramente la loro mancanza di efficienza strutturale, poiché mancavano personale e le competenze che ognuno di noi possiede per altre attività della cooperativa. Ho fatto diversi sforzi per discutere come avremmo potuto organizzarci meglio e migliorare i nostri servizi per attrarre più valore sia internamente che esternamente, coinvolgendo tutti in diverse entità e qualità della partecipazione. Ma la loro attitudine egocentrica e irrazionale ha impedito di intraprendere un percorso innovativo insieme. Dopo alcuni dei primi incontri che abbiamo avuto dopo il mio ingresso in questa nuova mansione. Ancora una volta, denotarono (le oligarchie) che la mia intenzione non era cambiata nemmeno di poco e che questo mio atteggiamento poteva mettere in pericolo la loro strategia. Da quel momento, hanno iniziato a evitarmi. <u>A causa del mio costante impegno nel cercare un modo ragionevole di lavorare insieme che potesse anche prevenire eventuali perdite di contratti, dovute all'intero sistema di allora. Hanno iniziato a fare di tutto per</u>

allontanarmi dalla cooperativa. Mi assegnavano meno incarichi e riducevano continuamente il mio orario di lavoro; mettendomi sotto pressione costante. La stessa strategia che hanno sempre utilizzato per escludere dalla cooperativa chiunque non fosse soggetto alla loro diretta manipolazione.

La Mia Personalità Incomoda e la Lotta per il Cambiamento

Una volta, un collega napoletano mi disse: "Prince, non hai ancora capito che qui non siamo pagati per pensare?". Questo commento mi fu rivolto quando cercavo costantemente di contribuire al miglioramento della nostra collaborazione, nonostante l'assenza di leadership adeguata. Alcuni colleghi si chiedevano perché non mi occupavo solo dei miei affari. Io rispondevo sempre che non ero lì solo per perseguire i miei interessi personali, ma per contribuire alla costruzione di una comunità più solida, inclusiva e per lo più per contribuire alla creazione di un rifugio comunitario per tutti. Credo che ogni nostra azione abbia un impatto sulla realtà collettiva e sull'ambiente in cui viviamo.

Inoltre, ho sottolineato che non avrei mai permesso che le azioni e gli atteggiamenti degli altri contrari al consenso democratico influenzassero le mie aspirazioni. Il mio obiettivo è creare un modello di collaborazione e miglioramento continuo all'interno della comunità in cui vivo, qui e ora: uno stato di diritto basato su principi universali con le loro dinamiche e il loro costante sviluppo.

Sistema di Collusione - Tra la Cooperativa e Alcuni Funzionari Pubblici

Questo è stato il mio modo di scoprire i fatti di persona. Secondo me, c'è una sorta di collusione per convenienza tra la cooperativa e alcuni funzionari pubblici, e ci sono state situazioni in cui i conflitti di interesse erano evidenti. Ciò mi ha fatto riflettere sulla trasparenza delle operazioni e sulla necessità di una maggiore supervisione. La mia determinazione nel cercare il cambiamento e migliorare la cooperativa ha portato al mio isolamento da parte degli oligarchi. Mi hanno assegnato meno compiti e ridotto le ore di lavoro. Questa strategia di esclusione era stata applicata in passato ad altri ed era ora usata su di me. In conclusione, il mio cambio di ruolo è stato un momento di crescita personale e scoperta. Ho assistito ai problemi interni della cooperativa da vicino e ho cercato di apportare miglioramenti. Tuttavia, ho incontrato resistenza dagli oligarchi che preferivano mantenere il loro controllo. La mia esperienza mi ha motivato a continuare a cercare giustizia sociale e a lavorare per un cambiamento positivo.

Interazione con i colleghi e la loro delima

La mia interazione con i colleghi mi ha portato a osservare una dinamica interessante. Come autista, ho avuto l'opportunità di interagire con i lavoratori associati in tutti i settori. Ho avuto la possibilità di eseguire un'analisi oggettiva della situazione con un grande margine di correttezza. In tutti questi confronti, non ho mai riscontrato nessuno che abbia lasciato questa cooperativa senza ritenere preferibile cercare un'alternativa lavorativa o essere senza lavoro anziché rimanere nella situazione psicologica in cui si trovava prima di licenziarsi. Questa situazione ha creato un clima psicologicamente dannoso per molti, tanto che alcuni ex colleghi hanno rivelato che lasciare la cooperativa ha avuto un impatto positivo sulla loro salute mentale, alleviando la depressione e lo stress che avevano sperimentato lavorando con noi.

Questa riflessione non riguarda solo il potere e il denaro, ma il concetto fuorviante, sotteso al pensiero diffuso, di ciò che la cooperativa avrebbe dovuto rappresentare per la "solidarietà sociale".

<u>In poche parole:</u> Tutto ciò mette in discussione il concetto di "solidarietà sociale" che dovrebbe essere il cuore della cooperativa. La mia esperienza ha dimostrato che il potere e il denaro spesso oscurano questo obiettivo nobile.

Uso dell'incontro annuale soltanto per la glorificazione personale

Una delle situazioni che ho notato è l'uso degli incontri annuali della cooperativa. Inizialmente concepiti come momenti di discussione su questioni sociali ed economiche, spesso si trasformavano in occasioni di autocelebrazione e in un momento di svago e distrazione dalla realtà lavorativa della cooperativa stessa.

. Le oligarchie approfittavano di queste occasioni per enfatizzare il loro indispensabile ruolo di leader come capi dell'equipaggio della cooperativa. Questo ricordava troppo da vicino le tattiche di controllo del "socialismo reale" <u>che fu il male dello stesso. (patrone unico, controllo, autoritario, l'assenza della pluralità, la mancanza di espressione e</u>

<u>dell'opposizione</u>, caratterizzate da un potere centralizzato e autoritario.

Tale atteggiamento era visibile anche nella gestione delle riunioni, in cui il tempo limitato unito ai nostri impegni di lavoro, erano usati come pretesto per imporre le decisioni delle oligarchie. Questo ha creato un clima di scetticismo tra i lavoratori associati, che hanno perso la fiducia in un cambiamento reale. Anno dopo anno, le oligarchie sembravano trionfare, confermando il loro controllo.

Nonostante le difficoltà e le frustrazioni, ho continuato a interrogarmi e a cercare soluzioni. Sono stato spinto da un desiderio motivazionale e culturale di comprendere appieno questo fenomeno. Volevo smascherare le cause sottostanti e individuare modi per contrastare la cooperazione illecita.

Grazie a questa costante ricerca, sono riuscito a sviluppare una maggiore consapevolezza delle problematiche legate alla cooperazione illecita e a trovare nuove strategie per contrastarla perché ci vogliono per esempio, l'opportunità di collaborare tra vari professionisti e di partecipare a progetti innovativi volti a promuovere la trasparenza e l'etica nell'economia sociale. Credo che questo impegno costante mi abbia permesso di crescere sia come individuo che come professionista ed essere un contributo positivo per la società della mia appartenenza.

Inoltre, ho avuto modo di individuare gli elementi che ostacolavano il progresso. E in particolare, vorrei sottolineare il ruolo cruciale dell'incompetenza nel compromettere qualsiasi sforzo razionale per il miglioramento sociale. La scelta di persone non qualificate per posizioni di potere è una minaccia tangibile al benessere di una comunità e alla sua crescita sostenibile.

La Tendenza a Spostare Responsabilità e Colpe: Un'Analisi Critica

Nel corso del tempo, ho notato che più le oligarchie accentravano il potere nelle loro mani, più la base operativa veniva isolata. Questa situazione ha portato i lavoratori associati a diventare consapevoli delle pratiche illecite perpetrate dai vertici. Questa consapevolezza, tuttavia, ha generato una sorta di demoralizzazione, in cui le buone intenzioni dei lavoratori sono state soffocate dalla sensazione di impotenza. Questa situazione ha provocato una distorsione delle priorità, con i lavoratori che iniziarono a perseguire i propri interessi individuali a discapito degli obiettivi cooperativi.

Il concetto originario di solidarietà sociale è progressivamente sfumato, lasciando spazio a un clima di sfiducia e opportunità sfruttate.

Le persone che avrebbero dovuto beneficiare dei nostri servizi sono diventate involontariamente vittime di questa situazione, poiché l'attenzione si è spostata dalle loro necessità ai giochi di potere interni. Questo circolo vizioso ha creato un ambiente in cui c'è sempre stato un prezzo da pagare per tutti i soggetti coinvolti. Riconosco che i servizi che forniamo spesso sono inefficaci e che questa inefficienza si è manifestata sempre più chiaramente nel corso del tempo. Purtroppo, la colpa sembra cadere principalmente sui lavoratori di base, coloro che gestiscono i progetti sul campo o si prendono cura degli ospiti.

In contrasto a questa tendenza, i dirigenti dell'organizzazione spesso sfuggono a qualsiasi forma di responsabilità, nonostante gli errori che hanno portato a carenze nei servizi. Questi errori derivano principalmente dalla loro scarsa competenza amministrativa e dalla deviazione di risorse dall'organizzazione stessa. Questi aspetti sono stati ampiamente documentati in varie parti dei miei scritti, comprese affermazioni false, uso indiscriminato di regali e spese non necessarie.

Sebbene le mie osservazioni possano essere soggettive, una cosa è certa: condivido queste riflessioni con la comunità per incoraggiare una rivalutazione del sistema attuale. È essenziale attuare riforme significative nella struttura cooperativa per garantire maggiore trasparenza, responsabilità e rappresentanza degli interessi dei lavoratori associati e di coloro che ne hanno bisogno.

Inizialmente, avevo grandi speranze per il contributo che avrei potuto apportare attraverso il mio lavoro all'interno della cooperativa. Volevo fare la mia parte per portare un significativo cambiamento nella società e speravo che la cooperativa condividesse questo impegno come struttura di solidarietà sociale. Tuttavia, ho notato vari problemi e sfide interne all'interno della cooperativa che mi hanno spinto a riflettere su questioni legate al miglioramento delle attuali condizioni dei lavoratori di prima linea e di coloro che ne hanno bisogno.

La vita è un enigma, spesso data per scontata, e a volte tendiamo ad evitare la realtà dei fatti biasimando consapevolmente gli altri, sospendendo temporaneamente una comprensione più profonda e logica dell'esistenza.

Il comportamento umano mostra spesso una particolare tendenza a scaricare la colpa su altre persone o fattori esterni, cercando contemporaneamente di assolversi da effettiva responsabilità e dalle conseguenze che ne derivano. Ad esempio, questa dinamica si riflette nel modo in cui spesso attribuiamo la responsabilità dei nostri problemi ai politici quando, in realtà, spesso noi stessi siamo gli artefici delle situazioni che affrontiamo.

Questa è la mia esperienza personale, e non intendo insegnare a nessuno sociologia o scienze politiche in termini di supremazia culturale sulla nostra partecipazione all'esistenza in ogni ambiente in cui ci troviamo. Sto semplicemente riflettendo sulla natura culturalmente sostenibile della vita reale a cui apparteniamo, guidando la nostra partecipazione nella società e nell'ambiente circostante.

In conclusione, è importante sia per la cooperativa nel suo ruolo che per la società nel suo complesso impegnarsi affinché i lavoratori sociali e coloro che ne hanno bisogno abbiano l'opportunità di sfruttare le loro risorse e siano rappresentati attivamente e adeguatamente, a mio parere. Come ho già detto, il mio obiettivo iniziale era contribuire al meglio delle mie capacità, sperando che la mia società potesse altrettanto contribuire al miglioramento della mia vita reciprocamente. Il focus sul benessere dei beneficiari è sempre stato la mia priorità, poiché avevano bisogno del mio aiuto più di quanto io avessi bisogno del loro in questo contesto particolare.

"L'Attesa della Sofferenza Mentre Invecchiamo"

Mi sono trovato in varie situazioni spiacevoli in diverse occasioni riguardanti irregolarità nei nostri servizi. Ad esempio, un giorno ho trovato una persona anziana disorientata in una delle nostre case di riposo. Ho cercato di segnalare l'incidente ai collaboratori della struttura, ma era spesso difficile raggiungerli (sia per telefono che attraverso l'interfono della struttura) a causa di vari ostacoli.

Tuttavia, sono rimasto sorpreso dall'atteggiamento indifferente e svogliato con cui hanno risposto alla mia segnalazione, quasi ignorando la situazione come se non fosse importante. Questo episodio, tra molti altri, mi ha fatto riflettere ancora una volta sulle difficoltà che spesso affrontiamo nel garantire cure adeguate alle persone più vulnerabili nella società e sulla necessità di impegnarsi per evitare che situazioni simili si ripetano.

Durante l'inverno del 2021, gli anziani residenti in una delle nostre case di riposo sono stati trasportati senza riscaldamento nel nostro furgone, un esempio delle sfide che abbiamo affrontato. Le oligarchie erano ben consapevoli di questa situazione, ma invece di risolvere il problema, sembrava che fossero più interessate a licenziarmi a causa della mia difesa dei bisogni dei beneficiari.

In un'altra occasione, ho dovuto confrontarmi con l'amministrazione per rifiutare l'uso di un veicolo non igienico per i servizi di ristorazione per le scuole materne: per rispetto delle regole e della sicurezza per il benessere dei bambini e per la corretta distribuzione del cibo nelle strutture circostanti. In particolare, quando c'erano altri veicoli più adatti disponibili per questo lavoro che venivano utilizzati privatamente da alcuni.

C'è stato anche un momento in cui è avvenuto un incidente in cui il cibo fornito alla cucina della cooperativa era sempre congelato e mal conservato. Oggetti indesiderati sono stati trovati anche nei pasti consegnati a una delle case di riposo in diverse occasioni. Quando il coordinatore si è lamentato di questa e di altre questioni nella cooperativa, è stato costretto a dimettersi immediatamente, con accordi in quel momento 'che coincidenza' secondo uno script ora consolidato con i sindacati.

Allo stesso modo, i due addetti alla manutenzione della sicurezza generale che hanno deciso di indagare sul caso che coinvolgeva il cuoco, uno degli uomini intoccabili del presidente e garante di consistenti guadagni illeciti, sono stati licenziati.

La narrativa dominante all'interno della cooperativa definisce questi casi come "patologie dei poveri", ma in realtà, il sistema di welfare di qualsiasi paese dovrebbe aiutare chi è nel bisogno anziché arricchire le oligarchie delle cooperative. In questo contesto, i poveri rimangono impotenti e svantaggiati.

Facevo parte di coloro che trasportavano analisi del sangue, farmaci necessari da alcune delle nostre case di riposo da e verso l'ospedale generale, dove dovevo occuparmi di persone e pazienti eccezionali. C'erano frequenti problemi di vario genere ogni volta che tornavo e cercavo di informare la casa di riposo su come il personale del laboratorio preferisse che fossero preparati i contenitori e come dovessero essere organizzati i documenti allegati. Gli operatori delle case di riposo erano sempre molto dispiaciuti per la situazione in cui si trovavano. Il problema era che le infermiere erano solitamente appena assunte, rendendo difficile garantire un'organizzazione razionale e professionale come accadeva nella maggior parte dei nostri centri. Questo è il risultato del metodo organizzativo e del potere concentrato nelle mani di pochi.

Questi episodi dimostrano la necessità di un cambiamento profondo, dove i veri bisogni della comunità vengano prima di tutto.

Una Riflessione sulle Ingiustizie nei Confronti degli Anziani: Un Peccato Veniale Apparentemente

Gli anziani, spesso privi di voce e fragili, talvolta affetti da varie disabilità o soli senza famiglia, sono una parte vulnerabile della società. Qui risiede il nucleo del problema: quando questi individui fragili finiscono sotto il controllo di individui cinici, le loro vite possono trasformarsi in un inferno fino alla fine dei loro giorni.

La mia esperienza come autista al servizio degli anziani in questa cooperativa mi ha illuminato sulla nostra vulnerabilità quando invecchiamo. Questa fragilità diventa ancora più evidente nelle situazioni di precarietà, come la cattiva salute, la mancanza di risorse finanziarie e le differenze sociali. Tuttavia, è questa stessa consapevolezza che dovrebbe guidare la nostra cultura e ispirare una dimostrazione tangibile di solidarietà sociale nella nostra società. Solo attraverso tali sforzi potremo costruire una società democratica, rispettosa e sostenibile, che tuteli i diritti umani e onori gli anziani.

Inoltre, è essenziale che ciascuno di noi contribuisca a sviluppare questa cultura sociale e dimostri concretamente il nostro impegno verso la solidarietà. Dobbiamo lavorare insieme per creare una società più inclusiva e accogliente, prestando una particolare attenzione agli anziani ossia alle persone vulnerabili che spesso rischiano di essere emarginati dal sistema.

Dopo l'esperienza in cui ho potuto vedere come gli anziani vengono trattati. Ho molta paura di invecchiare e di ritrovarmi nella loro stessa situazione.

La mia esperienza con gli Anziani e le Famiglie

Durante il mio lavoro con gli anziani e i disabili in questa cooperativa, ho trovato un modo per costruire buoni rapporti con la maggior parte delle famiglie coinvolte. Le mie esperienze con gli anziani, i disabili nella nostra cooperativa e le loro famiglie hanno rivelato una varietà di reazioni. Ho cercato di costruire buoni rapporti e ho cercato di coinvolgere le famiglie. Ci sono state diverse occasioni in cui ho cercato aiuto dalle famiglie di queste persone bisognose per migliorare la situazione che stavamo affrontando, per fare qualcosa per loro, ma le risposte sono state miste.

Queste sono alcune delle risposte contrastanti che ho ricevuto:

1) Alcune famiglie erano preoccupate e desiderose di aiutare i loro cari, ma spesso si sentivano impotenti di fronte a una situazione complessa. Alcuni preferivano impegnarsi ulteriormente per evitare di segnalare la situazione all'autorità competente.

2) Altre famiglie erano indifferenti, sperando che i loro cari morissero presto per liberarsi di un peso che li affliggeva. Questo senso di sollievo anticipato era sconcertante.

3) Coloro che cercavano di protestare o lamentarsi venivano ignorati o criticati e considerati fastidiosi o un fastidio dalla Cooperativa.

Alla fine, è evidente che in questa società spesso è più conveniente tollerare ingiustizie piuttosto che lottare per i propri diritti umani: vincere una battaglia legale contro coloro che sono in qualche modo collegati al potere è spesso impossibile. Di conseguenza, i familiari preferiscono non rischiare di perdere l'assistenza per i loro cari, anche se minima, che è sempre meglio di niente. L'ingiustizia subita da questi anziani diventa un male minore rispetto alle sfide quotidiane che devono affrontare.

La mia esperienza ha aperto gli occhi sulla situazione degli anziani e mi ha fatto temere l'idea di invecchiare e trovarmi in una situazione simile. Inoltre, ho scoperto che molti operatori che lavorano nel campo dell'assistenza alle persone in difficoltà hanno risorse preziose da condividere, ma spesso non vengono utilizzate a causa della mancanza di incentivi e supporto adeguato, sia in termini di stipendio che di materiale. Per promuovere la cooperazione ed efficienza, questi professionisti hanno bisogno di un supporto trasparente e di un riconoscimento meritato.

Quando parlo di queste persone bisognose e senza voce, mi riferisco anche al fatto che mancano di una rappresentazione pubblica strutturata nella società. Questa mancanza di voce va oltre i membri della famiglia e richiede una rappresentazione formale e strutturata a livello sociale. Questa è una delle circostanze più odiose su cui non ho mai sentito un dibattito approfondito da parte della maggior parte di coloro che dovrebbero essere effettivamente responsabili, non solo in virtù del proprio ruolo ma avendo la capacità di esercitare un controllo efficace su questi problemi.

È ora di agire e garantire che gli anziani ricevano l'attenzione, il rispetto e l'assistenza che meritano in una società che dovrebbe basarsi sulla solidarietà e sulla protezione dei più vulnerabili nel nome della democrazia e dell'umanità. Queste sono state alcune delle mie esperienze nel trattare con vari attori (famiglie, tutori, amministrazione della cooperativa, uffici pubblici e privati locali, ecc.) in questo settore di assistenza sociale, svolto sotto il pretesto della solidarietà.

Pratiche Fraudolente nel Settore Cooperativo: Un'Analisi Approfondita

Questo episodio è un altro chiaro esempio dell'etica distorta che caratterizza la maggior parte delle cooperative con cui sono entrato in contatto. Questa etica distorta si discosta completamente dal vero significato della solidarietà sociale. Attraverso questa pratica distorta, le cooperative possono facilmente assumere personale non qualificato per incarichi delicati in qualsiasi area dei loro progetti, senza alcuna considerazione per la qualità dei servizi forniti. Tuttavia, quando le normative dell'amministrazione pubblica le costringono ad assumere individui con qualifiche certificate, la loro priorità è spesso quella di selezionare individui obbedienti con basse ambizioni ed esigenze. Solo successivamente considerano la questione della competenza, che purtroppo arriva sempre per ultima. Queste strategie ingiuste risultano dannose per la maggior parte dei lavoratori associati.

Le oligarchie all'interno delle cooperative preferiscono interagire con individui allineati alla loro ideologia cinica, poiché credono che questo possa limitare il dibattito. Tuttavia, trascurano il fatto che questa stessa dinamica ostacola la produttività, l'innovazione e la risoluzione dei problemi. In altre parole, questa mentalità mostra una mancanza di orientamento progressivo verso il futuro, trascurando una gestione razionale del presente. I lavoratori qualificati vengono talvolta assunti solo per sfruttare le loro certificazioni per ottenere contratti. Anche se questi candidati presentano documenti di qualifica, vengono successivamente impiegati all'interno dell'organizzazione per compiti diversi e meno remunerativi. Alla fine, questi collaboratori associati subiscono umiliazioni in varie forme, progettate per cacciarli dalla cooperativa dopo aver ottenuto il contratto che cercavano.

Questa situazione può portare a una decisione volontaria dell'impiegato di lasciare l'organizzazione o a un licenziamento mediato dal sindacato, mirando ad evitare controversie. Questo scenario è particolarmente comune in progetti legati all'immigrazione (progetti di accoglienza), dove il licenziamento di un mediatore qualificato viene spesso testimoniato per essere sostituito da un rifugiato che ha appena imparato poco o nulla sul luogo in cui si trova. Purtroppo, questa dinamica è molto comune in varie cooperative. È un problema grave e diffuso che i mediatori linguistici e culturali affrontano in molte situazioni lavorative. Il lavoro di mediazione è cruciale per garantire una comunicazione efficace tra individui che parlano lingue diverse o provengono da culture diverse. Tuttavia, spesso queste figure non ricevono la giusta considerazione economica e sociale per il ruolo essenziale che svolgono. Questa situazione di essere considerati estranei dagli oligarchi nel programma di inclusione non aiuta né i mediatori né la società in termini di risoluzione dei problemi.

I mediatori linguistici e culturali affrontano diverse sfide, tra cui:

1) Retribuzione inadeguata: Molte volte, la retribuzione offerta non riflette l'importanza del lavoro svolto e non tiene conto della complessità delle questioni affrontate;

2) Lavoro giornaliero o per ore: L'impiego come lavoratori giornalieri o per ore può portare a una significativa insicurezza economica e può ridurre l'interesse nell'essere seriamente innovativi nel loro lavoro, poiché spesso non godono di sicurezza sul lavoro a lungo termine o di benefici;

3) Situazioni di emergenza e pressione: I mediatori sono spesso chiamati a gestire situazioni complesse e urgenti, ma il loro lavoro può essere sottovalutato e non adeguatamente compensato;

4) Mancanza di riconoscimento: Non sempre ricevono il riconoscimento che meritano per il ruolo cruciale che svolgono nell'aiutare le persone a superare barriere linguistiche e culturali, ecc.

Un caso di rilevanza e importanza è il cosiddetto "lavoro nero" e l'impoverimento professionale: recentemente, una famiglia di immigrati composta da un marito, una moglie e un minore è stata assunta dalla cooperativa. Dopo la scadenza dei loro contratti, la cooperativa ha continuato a impiegare illegalmente questa famiglia per anni, sfruttandola e relegandola al lavoro non retribuito. La famiglia ha segnalato questa situazione alla polizia ma deve ancora ricevere una risposta dall'autorità competente, nonostante sia passato più di un anno.

Le cooperative spesso si dipingono come entità benevole, assumendo stranieri o individui svantaggiati sotto il pretesto della solidarietà sociale (che rientra nello stesso contesto) con l'intenzione di sfruttarli con salari miseri e rubare le loro ore lavorative. Purtroppo, questa situazione lascia persino molti professionisti italiani qualificati senza opportunità di lavoro.

"Penny Wise and Pound Foolish" nella Cooperativa: Scelte Dannose per la Solidarietà Sociale

All'interno della nostra cooperativa si è verificato un episodio emblematico che illustra l'applicazione del proverbio inglese "Penny wise and pound foolish," che, nella loro spiegazione, sarà sotto il pretesto che "la pratica fa perfezione." In questo caso, un rifugiato, appena ottenuto lo status di rifugiato senza una qualifica professionale adeguata, è stato assunto per sostituire tre lavoratori altamente qualificati nel settore della manutenzione. Questa decisione è stata motivata da una visione a breve termine, in cui il risparmio economico immediato ha avuto la precedenza sulla considerazione delle conseguenze a lungo termine. Questo esempio è emblematico dell'approccio miope che impedisce il raggiungimento di una genuina solidarietà sociale.

Coloro che sono responsabili di queste scelte sembrano dare poca importanza all'efficacia dell'esecuzione del lavoro. Per loro, agendo come oligarchi, l'obiettivo principale è mantenere il controllo e perseguire i propri interessi egoistici. Questo si traduce spesso nell'assunzione di manodopera a basso costo sulla base della convinzione che coloro che accettano salari ridotti siano più propensi a obbedire, a scapito delle competenze e dell'efficacia dei servizi da prestare.

Questa attitudine arreca danni sia all'evoluzione di una forza lavoro progressiva nella comunità che all'immagine degli stranieri che accettano questi lavori. Allo stesso tempo, priva gli italiani competenti di opportunità di lavoro culturalmente adatte.

È cruciale riconoscere che quando a un individuo viene pagato meno di quanto merita per un lavoro promettente a lungo termine, ciò crea una prospettiva negativa. Negano la possibilità di crescita professionale, l'acquisizione delle competenze necessarie per progredire e la capacità di contribuire alla competenza futura della forza lavoro. Questa situazione rappresenta non solo un'ingiustizia salariale, ma compromette anche la qualità delle risorse umane disponibili per l'innovazione, compromettendo la dignità di coloro coinvolti.

Per invertire questa tendenza, è essenziale garantire una giusta compensazione per il lavoro svolto e fornire il necessario supporto per la formazione e la crescita professionale. Solo in questo modo si può massimizzare il potenziale di ciascun lavoratore, contribuendo al progresso dell'organizzazione.

Un esempio concreto che ho incontrato è l'assunzione di stranieri solo per motivi economici, per pagare salari più bassi senza affrontare inconvenienti relativi. Tuttavia, ciò porta spesso all'impiego di personale scarsamente formato in ruoli culturalmente sensibili, come quelli nell'ambito dell'assistenza sociale. Questa pratica può compromettere gli sforzi razionali per promuovere il benessere collettivo della società e l'innovazione fruttuosa per la società in questione.

Spesso, queste persone non qualificate, prive della formazione culturale e professionale adeguata al paese ospitante o senza ulteriore formazione o esperienze assorbite nel sistema creato dagli oligarchi, potrebbero non solo limitare le prospettive di crescita, ma anche danneggiare la società nel suo complesso. Ad esempio, gli immigrati sono sempre disponibili e soddisfatti di accettare salari più bassi. Non si lamentano. Evidentemente, sono umili a causa della loro precaria situazione, il che non significa necessariamente che aderiscano volontariamente al sistema o siano grati alla società ospitante per il sostentamento ricevuto.

È altrettanto preoccupante il fatto che queste persone non abbiano il tempo di essere adeguatamente formate a causa delle condizioni frenetiche del luogo di lavoro. Sfortunatamente, non avranno nemmeno il tempo di essere seguite, se non attraverso una supervisione mediocre da parte di alcuni lavoratori più anziani nel loro luogo di lavoro mentre svolgono le loro attività frenetiche quotidiane. Allo stesso tempo, i professionisti italiani saranno esclusi per fare spazio a manodopera a basso costo, creando una situazione squilibrata (ossia, coloro con uno specifico background culturale e professionale in Italia: ciò non implica che siano meglio formati, ma che il sistema procedurale è diverso, creando una discrepanza nel campo lavorativo).

Questa situazione ha gravi conseguenze per i cittadini della classe media/bassa in questa società. Colpisce i loro diritti alla sicurezza e alle opportunità lavorative, ostacola la loro capacità di esprimersi e limita la loro crescita professionale da una posizione di basso livello a una di competenza e potere elevati.

È ancora peggio perché alimenta un conflitto sottile ma dannoso tra classi oppresse (sia immigrati che la classe media/bassa e al di sotto di essa). Questo è uno dei principali fenomeni che hanno portato a una forma di razzismo perpetrata da questo sistema cooperativo. Ma è difficile da comprendere per la classe dirigente a causa del crescente divario di disparità tra diverse classi sociali nella società contemporanea. Con formazione, intendo l'inclusione sociale che include una formazione culturale e civica completa. Questo accade mentre gli italiani preparati e i vecchi immigrati iniziano a perdere la capacità di lavoro e cittadinanza integrata nel corso degli anni. Oppure l'unica scelta che potrebbe rimanere loro è quella di diventare immigrati stessi in un altro paese. Questo significa precarietà sociale ed impoverimento della società per tutti, cittadini e stranieri allo stesso modo.

Di conseguenza, gli utenti finali ricevono servizi inadeguati, poiché i lavoratori (sia stranieri che meno privilegiati) non sono adeguatamente formati e non possono aggiungere valore alla società. La cooperativa priva questi italiani e i vecchi immigrati motivati che hanno vissuto nel paese per anni della loro dignità, opportunità e responsabilità in termini di crescita finanziaria e innovazione. In primo luogo, le cooperative rischiano di promuovere ulteriormente il razzismo all'interno delle classi medie/basse, e in secondo luogo, rischiano di minare l'efficienza dei servizi offerti, poiché i lavoratori non sono adeguatamente formati per aggiungere valore alla società. È essenziale fornire formazione culturale e civica per agevolare l'inclusione sociale e promuovere un ambiente di crescita equo.

Questa attitudine dannosa si riflette nella disputa razziale che pervade questo paese in modi più astuti e sistematici. È anche una delle principali cause che ostacolano una società nel raggiungere una competitività essenziale per la crescita, in termini di valore di prodotto e innovazione senza essere sopraffatti dagli altri. È importante considerare le implicazioni di queste scelte, poiché possono avere conseguenze durature sulla coesione sociale e sulla competitività nazionale. Solo attraverso investimenti nella formazione, una giusta compensazione e la promozione di una forza lavoro competente sarà possibile costruire una società più inclusiva e produttiva.

Pertanto, secondo la mia opinione, la società subirà regressi nello sviluppo a causa dei servizi scadenti forniti da una forza lavoro inesperta. In questo modo, presumibilmente, verranno create anche altri problemi, tra cui:

1) gli stranieri non saranno in grado di esprimersi appieno;

2) gli italiani non avranno i loro lavori per i quali erano culturalmente attrezzati per eseguire;

3) e, in ultima analisi, la società mancherà del potenziale per competere a livello globale in termini di produttività. Questa situazione diventerà una catastrofe culturale a tempo debito.

Questa attitudine è anche collegata alla disputa razziale presente nel paese oggi, ma non è solo il tipo di razzismo come la maggior parte di noi penserebbe. Le cooperative assumono esperti solo se costrette burocraticamente a farlo e anche in quei casi, nella maggior parte delle situazioni, assumerebbero esperti solo per evitare difficoltà burocratiche. Tuttavia, poco dopo, questi esperti saranno licenziati o umiliati assegnando loro compiti che non hanno nulla a che fare con la loro preparazione professionale. Il problema è che gli oligarchi cercano più soldi per sé stessi piuttosto che per il bene della società e non si preoccupano del benessere della stessa società. Questo è ciò che inquina l'attuale sistema burocratico.

L'ironia del destino per i membri e i bisognosi nel contesto della cooperativa

Alla fine della giornata, è il desiderio dei più bisognosi e dei lavoratori associati (membri della cooperativa) che paga il prezzo più alto per le dinamiche interne di questo sistema. Nel corso del mio viaggio in questo mondo oscurato della cooperativa, ho notato che le autorità pubbliche raramente supervisionano l'adempimento delle responsabilità assunte dalle cooperative dal momento della firma del contratto in poi, anche se teoricamente è documentato da qualche parte. Purtroppo, l'assenteismo diventa un vantaggio per le cooperative dal punto di vista finanziario, mentre i lavoratori associati possono anche utilizzare questo pretesto per prendersi delle pause dal peso dei loro compiti noiosi e faticosi al lavoro. In queste situazioni, si verifica una situazione paradossale: l'assenza dei lavoratori associati non ha riserve di sostituti. Spesso, l'attenzione si sposta dai più vulnerabili che dipendono da queste strutture per assistenza vitale. Questi cittadini fragili non sono in grado di chiedere aiuto direttamente; infatti, questa è la ragione per cui sostengo la necessità di una verifica accurata delle ore di servizio da parte degli operatori professionali coinvolti negli uffici pubblici. Questo processo richiede un monitoraggio rigoroso per evitare false dichiarazioni fatte solo per adempiere a formalità burocratiche. Storie provenienti da case di riposo (come incendi, epidemie, problemi durante la pandemia di COVID-19 o situazioni attuali di abbandono), purtroppo, mettono in luce molti incidenti e problemi che spesso passano inosservati dietro le quinte, poiché le vittime coinvolte sono in gran parte silenti e spesso non vengono consultate dopo tali incidenti. Assurdamente, per generare profitti, alcune cooperative sembrano contribuire a creare situazioni di disabilità e problemi di personalità. A breve termine, questa pratica può sembrare una soluzione conveniente per coloro con bisogni urgenti di assistenza in qualsiasi forma. Tuttavia, a lungo termine, questo comportamento si rivela dannoso perché coloro coinvolti potrebbero essere privati di un accesso valido a benefici e servizi legati alla loro autostima e autonomia. Va sottolineato che creare queste situazioni costituisce abuso nei confronti delle persone con disabilità e di coloro che lottano con i loro problemi di personalità. Questo comportamento crea una dipendenza dalla cooperativa, tradendo la fiducia di coloro che dovrebbero essere aiutati e limitando le loro opportunità di raggiungere una vera indipendenza. Invece di trarre profitto da queste pratiche illecite, le cooperative dovrebbero prendersi a cuore le proprie responsabilità, offrendo un adeguato supporto e costruendo una relazione basata sulla fiducia. La situazione dipinta non è solo un problema per coloro direttamente coinvolti, ma rappresenta una questione più ampia per i loro cari e la società nel suo complesso. Dovrebbe esserci un approccio collettivo per evitare tali conseguenze dannose, con un impegno concreto da parte degli uffici pubblici responsabili.

La cooperativa agli occhi degli oligarchi

La cooperativa di oggi è diventata un affare redditizio per gli oligarchi, il cui scopo principale è l'accumulo smodato di ricchezza. La maggior parte di queste entità sembra prestare poca attenzione alla reintegrazione dei malati, degli anziani, dei rifugiati e, in generale, di coloro che ne hanno bisogno. Queste persone sono spesso considerate solo come parte di una struttura da tollerare, purché la situazione non diventi così grave da minacciare l'immagine della cooperativa. In tal caso, verranno adottate misure per risolvere la questione a loro vantaggio. Questa realtà sembra essere stata accettata; poi, per caso, come parte della normalità culturale, proprio come un costume o un'abitudine di un popolo radicato nella nostra società. Questo è di solito come la nostra realtà quotidiana si forma strutturalmente. Per la maggior parte delle cooperative, le esigenze dei cittadini e le sfide sociali sono diventate sinonimi di guadagno finanziario. Le poche cooperative che mantengono una consapevolezza sociale sono spesso soffocate, sia dalla maggioranza corrotta che dalla burocrazia che, ironicamente, è stata originariamente concepita per combattere la corruzione. Questa dinamica, sviluppata nel tempo, si è rivelata un ostacolo per coloro con buone intenzioni che cercano di operare eticamente. Sembrerebbe quasi una situazione del tipo "se non puoi batterli, unisciti a loro". NOTA: A lungo termine, come sta già accadendo, alcune cooperative che operano onestamente potrebbero trovarsi costrette a chiudere. Ciò perché potrebbero non essere in grado di sostenere questa politica sfavorevole, mentre altre potrebbero soccombere al sistema stesso. Queste realtà rischiano di non sopravvivere diventando vittime della complicata burocrazia, che nel frattempo è diventata l'unico mezzo di difesa disponibile per l'amministrazione pubblica per affrontare le proprie debolezze. Una lezione che ho tratto dalle mie esperienze è che spesso "le persone sono così concentrate sul futuro che finiscono per trascurare il presente". Una situazione veramente deprecabile. Infine, la situazione dei pazienti psichiatrici non è nient'altro che un affare per molte cooperative; più a lungo i pazienti rimangono con loro, più stabile e prolungato è il reddito per le stesse cooperative. Quando le cooperative si vantano di inserire nel lavoro persone disabili, potrebbe sembrare un gesto altruistico, ma potrebbe effettivamente nascondere lo sfruttamento. Spesso queste persone sono costrette a lavorare per salari minimi o, in alcuni casi, senza paga affatto, come nel lavoro componentistico. Questa situazione solleva molte preoccupazioni.

Il Rischio per la Salute dei Soci delle Cooperative

Ho potuto osservare numerosi lavoratori associati abbandonare, nonostante fossero dotati di elevate capacità produttive, che la cooperativa avrebbe potuto sfruttare. Alcuni sono partiti prima che la situazione degenerasse troppo, dimostrandosi fortunati. Coloro che, invece, sono rimasti oltre il dovuto hanno affrontato l'incubo dell'insicurezza e, in alcuni casi, sono stati travolti da una personalità borderline autoimposta, necessaria per la propria sopravvivenza.

Questa situazione si paragona a quella di chi, oggi, cerca rifugio nella droga di cura psicofarmaci a causa di una patologia psicologica dalla causa oscura, come mi hanno raccontato alcuni ex colleghi.

Anch'io mi sono ritrovato a rischio di sviluppare una personalità borderline, e ho lottato disperatamente per apportare un cambiamento nella mia attuale situazione. Questo libro è diventato un canale di sfogo per me.

Oggi, posso attestare numerosi casi di ex colleghi che sono sotto terapia medica. Mi riferisco a coloro che hanno cercato di affrontare da soli il caos in cui si trovavano, a chi ha cercato soluzioni al suo vero problema. Non sto parlando di coloro che non potevano capire e di coloro che non potevano permettersi il tempo e le conseguenze finanziarie necessarie per risolvere il loro problema.

Alla fine, c'erano alcune di queste persone abbastanza forti da resistere alla prova del tempo, diventano come loro per 'l'effetto di annichilimento culturale'.

La formula cooperativa, che era stata proposta per aiutare la società a risolvere i suoi dilemmi sociali. Si è trasformata invece in una fonte di ulteriori problemi. Mentre coloro che sono responsabili di questa situazione cercano di nascondere il pasticcio che hanno creato; comprando strade politiche e finanziarie e convivendo con un sistema insostenibile che avrebbero dovuto aiutare a cambiare.

In poche parole Questi oligarchi delle cooperative convivono con un sistema insostenibile che avrebbero dovuto aiutare a riformare.

La Cooperativa Ermeticamente Sigillata

Non ho mai visto un'organizzazione tanto ermeticamente protetta come quella per cui ho lavorato, priva di trasparenza interna. Un triumvirato di dirigenti detiene il potere decisionale su ogni aspetto, anche il più insignificante. Questa stretta presa sulla gestione impedisce a chiunque di prendere decisioni corrette all'interno dell'ambiente lavorativo, compresi i lavoratori associati (cioè, i membri) e i coordinatori di diverse sessioni. Di conseguenza, ogni situazione viene risolta attraverso la loro decisione finale, rallentando l'azione, alimentando la confusione e scoraggiando il perfezionamento delle competenze professionali. I servizi che dovrebbero essere forniti ai nostri clienti vengono ritardati o addirittura interrotti. I tre dirigenti, sopraffatti dai compiti a volte sovraccarichi, lottano per gestire le situazioni. Le loro azioni sono guidate dall'avidità, a discapito dell'efficacia ed efficienza dei nostri servizi, danneggiando così sia la società che coloro che ne hanno maggiore bisogno. Tra noi ci sono individui che hanno bisogno di sostegno per affrontare le loro precarie situazioni, eppure i dirigenti continuano a dare priorità alla loro sete di profitto su ciò che sarebbe giusto e necessario.

La Non Rilevanza delle Competenze

Nel periodo in cui ho operato come collaboratore (membro) in questa cooperativa, non ho mai avuto l'opportunità di osservare alcuna forma di pianificazione strategica per interessi collettivi e continui per obiettivi a lungo termine. Tutto sembrava orchestrato internamente alla sede principale, compresi i turni dei lavoratori in vari settori. Ciò avveniva senza consultare i rispettivi coordinatori di diversi progetti, tranne che per alcuni settori guidati da coloro che rispondevano incondizionatamente solo con un 'sì, signore' al presidente. Le oligarchie erano le uniche con l'autorità di negoziare su ogni questione, anche se spesso mostravano una comprensione inadeguata dei dettagli su cui dovevano prendere decisioni. A un competente collaboratore non è mai stato assegnato il compito di supervisionare le operazioni nel suo campo di competenza. Ciò ha spesso portato all'inserimento di individui non affidabili come loro, che potevano facilmente sfruttare le proprie posizioni per ottenere benefici personali, anche a spese delle stesse oligarchie. Tali lavoratori associati erano coinvolti in attività che svuotavano la cooperativa di tutto ciò che potevano mettere le mani, sottraendo qualsiasi risorsa accessibile, come modo per sopravvivere. È come se "il cuore integro paghi il prezzo più alto per persone senza cuore", come dice il proverbio. Oggi, questa società sembra essere caduta sotto un incantesimo, intrappolando i cittadini poveri in un ciclo di sofferenza silenziosa nascosta da sorrisi falsi. Penso che solo poche anime coraggiose possano sfidare questo sistema antisociale, mentre molti di noi sono già destinati a soccombere, senza alcuna altra scelta. Nel frattempo, coloro di noi che resistono devono essere pronti a pagare il prezzo per preservare la nostra dignità, in nome dell'umanità. Nella mia esperienza, non ho mai incontrato un ambiente di lavoro in cui i coordinatori o i professionisti erano presenti solo per soddisfare esigenze burocratiche. I coordinatori non avevano voce nella strutturazione dei propri dipartimenti. Spesso, i capi avevano informatori all'interno di vari progetti (questi cosiddetti collaboratori avevano più voce dei coordinatori), individui che, nella realtà, avevano più potere decisionale dei coordinatori stessi. Questa dinamica è utile solo per mantenere il potere dei leader, ma non è stata benefica per il progresso dei progetti o per il benessere dei lavoratori associati o dei servizi che dovevano essere forniti. Considerate alcuni casi emblematici: un responsabile della sicurezza generale trasferito dal suo ruolo di competenza a custode; un coordinatore della manutenzione spostato nella posizione di autista; un ufficio che ha tre receptionist quasi sempre contemporaneamente al lavoro; una struttura in cui i turni di servizio venivano assegnati dall'ufficio centrale senza consultare i coordinatori di progetto; un lavoratore della manutenzione dei veicoli nella cooperativa che stenta persino a guidare la propria auto, figuriamoci a fornire assistenza ai veicoli, a causa dell'inefficienza organizzativa. In questo scenario emerge un problema di amministrazione aziendale e comunicazione interna mal gestite. Le persone vengono spostate senza alcun criterio, perdendo così ogni opportunità di crescita professionale, sviluppo e miglioramento delle proprie competenze. È evidente che la cooperativa cerca a volte di compiacere certi individui, forse per la loro lealtà alle oligarchie, ma questo crea caos organizzativo a scapito dell'efficienza complessiva. In conclusione, ci troviamo di fronte a una domanda cruciale: la cooperazione si basa sulla collaborazione e la reciprocità, o prevale la volontà dei poteri interni? Sembrerebbe quasi che siamo semplici sudditi delle oligarchie come nelle corti feudali medievali, che combattono tra di noi invece di collaborare. Questa situazione è lontana dall'autentica essenza del lavoro. I partiti di sinistra, che hanno la solidarietà come fondamento ideologico, hanno lavorato costantemente per mantenere viva la cooperativa e sostenere ogni richiesta finanziaria con la speranza che la situazione migliori. Al contrario, queste oligarchie, che sono fortemente presenti nell'arena politica, non si preoccupano di alcuna ideologia politica o di un programma politico tranne che per i loro interessi egoistici. Questo dimostra una mancanza di responsabilità sociale e una negazione dei valori di solidarietà che dovrebbero sottendere ogni decisione politica legata alle questioni sociali. Certamente, i loro interessi sono concentrati solo nel guadagnare denaro più facilmente senza troppa preoccupazione, a differenza di quanto si troverebbe nel settore privato. Inoltre, la leadership di alcune cooperative, anziché promuovere il benessere dei lavoratori associati (membri), si concentra principalmente su coloro che hanno contrassegnato come oppositori o critici dei loro progetti. Quest'atteggiamento, anche se può sembrare un tentativo di garantire l'efficienza e proteggere gli interessi della cooperativa, in realtà crea tensioni e difficoltà tra i lavoratori stessi. Tuttavia, il vero problema è che questo atteggiamento favorisce gli interessi di pochi a discapito degli individui collettivi. Le oligarchie non hanno mai mostrato interesse per il benessere dei lavoratori, le condizioni di lavoro o gli interessi della cooperativa e della società. Al contrario, agiscono solo per preservare i loro guadagni personali illeciti, ignorando il bene comune. Queste oligarchie usano qualsiasi scusa a loro disposizione per deviare l'attenzione dai loro affari illeciti.

Composizione del Consiglio di Amministrazione (CDA)

Prendiamo, ad esempio, la composizione del CDA: Il CDA è composto da personalità selezionate per la loro lealtà al Presidente, senza considerare i necessari requisiti in termini di competenza ed etica nella solidarietà sociale o l'anzianità, se del caso. Il CDA è diventato una formula burocratica perfetta per l'arricchimento personale delle oligarchie. Psicologicamente, questi individui selezionati dal cerchio interno del presidente si considerano fortunati di essere tra i prescelti per le posizioni che occupano, non per il loro merito personale, come nel CDA, e ne vanno persino fieri! Sembra che la cooperativa sia diventata un terreno fertile per enfatizzare gli interessi personali a discapito dell'obiettivo primario di promuovere la solidarietà e la crescita collettiva.

Convocazione della Rovina della Cooperativa per i Membri, Ma Non per gli Oligarchi

A causa di una considerevole distanza, sia fisica che comunicativa, tra l'ufficio centrale e vari settori della cooperativa, unita a un'atmosfera antisociale e all'intenzione degli oligarchi di concentrare tutte le attività nelle loro mani, si è creata una profonda spaccatura. Questa divisione ha causato un vuoto, una mancanza di comunicazione e coordinamento tra le parti coinvolte.

Con il passare del tempo, la situazione si è deteriorata. Collaboratori onesti e lavoratori instancabili sono stati sottilmente espulsi in uno scenario orchestrato dagli stessi oligarchi. La cooperativa ha dovuto fare i conti con individui senza scrupoli e senza cuore, abili nel manipolare le dinamiche sociali a loro vantaggio.

A quel punto, ho iniziato a prevedere il rischio imminente di spese incontrollate e di una gestione inefficace delle risorse umane all'interno dell'organizzazione. Ho dedotto in anticipo che questo problema avrebbe colpito duramente tutti i membri della cooperativa, ora o in seguito.

Ho cercato di lanciare l'allarme parlando personalmente con gli oligarchi. Tuttavia, come spesso accade, le mie parole non sono state prese abbastanza seriamente.

Pertanto, prima dell'estate del 2021, hanno iniziato a circolare voci all'interno della cooperativa sulla perdita della maggior parte dei nostri contratti con molte amministrazioni pubbliche e alcuni altri settori privati. Questo è stato un segnale di avvertimento. Le lamentele si stavano già accumulando da parte di partner esterni riguardo ai servizi inadeguati offerti dalla nostra cooperativa, così come da parte dei dipendenti che si lamentavano del regime di gestione degli oligarchi.

La paura tra i lavoratori associati era palpabile. La minaccia di una crisi incombeva sulla cooperativa, che avrebbe potuto mettere a rischio l'occupazione di molti.

Quando ho cercato personalmente di esprimere le mie preoccupazioni agli oligarchi, hanno prontamente negato tutto, definendo le voci come semplici chiacchiere. Tuttavia, hanno riconosciuto che c'erano sfide operative ma hanno minimizzato la situazione, assicurandomi che tutto sarebbe stato risolto. Poco dopo il nostro incontro, è stata convocata un'assemblea generale per discutere delle difficoltà che la cooperativa stava affrontando.

La Decadenza della Cooperativa

In ogni caso, so che "alla fine il fine giustificherà i mezzi"; quindi che venga la sua Rivelazione. Infatti, non avevo torto; tra la fine del 2021 e l'inizio del 2022, la cooperativa ha subito un collasso massiccio.

Urgentemente, qualcosa doveva essere fatto, e sto già facendo la mia parte condividendo le mie esperienze. Ho deciso di condividere la mia esperienza, cercando di sensibilizzare e almeno offrire la mia testimonianza, il massimo che potessi permettermi. La situazione era critica e richiedeva un intervento immediato. Una riforma seria nel campo della solidarietà sociale sarebbe stata necessaria per invertire la tendenza distruttiva.

L'esperienza della vigoria intellettuale ci insegna che dove mancano disciplina e riconoscimento basato sul merito, l'etica svanisce e l'innovazione si affievolisce. Senza investimenti nelle competenze e nello sviluppo sostenibile, l'esito inevitabile è la rovina.

Proverò brevemente a riassumere il contenuto di questa riunione dell'ASSEMBLEA, evidenziando gli elementi più rilevanti. Ironia emerge quando le voci circostanziali, negate e nascoste dagli oligarchi, diventano realtà per la cooperativa. I loro piani erano stati messi in atto da qualche tempo. Nel giorno della riunione dell'assemblea, ci hanno convinto ancora una volta a dar loro parte dei nostri guadagni annuali in modo che potessero accumulare fondi ulteriori da utilizzare come riserva finanziaria per la sicurezza dei contratti futuri per soddisfare i requisiti burocratici. Ci hanno effettivamente derubato dei nostri soldi con i loro soliti trucchi, e poco dopo, i contratti della cooperativa hanno iniziato a sgretolarsi.

Questo è stato un colpo basso, un inganno massiccio contro tutti noi. Alcuni di noi sono stati licenziati, altri trasferiti con fatica ad altre cooperative, mentre altri sono stati declassati o hanno avuto ridotte le ore di lavoro. Durante la riunione, queste azioni sopra descritte non sono mai state menzionate, nemmeno una volta, che qualcuno di noi avrebbe perso il lavoro con la cooperativa. Ma ci è stato chiesto solo di sostenere la cooperativa con una parte dei nostri guadagni in modo che potessero raccogliere alcuni fondi come riserva finanziaria per le gare del prossimo anno, contratti del 2022. In realtà, c'è stata più enfasi sul perché dovremmo tutti raccogliere questo fondo, che servirebbe a garantire i nostri posti di lavoro e a prevenire ogni forma di ridimensionamento. Anche se questa situazione era molto scomoda per tutti, hanno deciso di portarla avanti attraverso procedure errate esistenti supportate dal potere e dal veto provvisorio del Consiglio di Amministrazione (BOD). Quindi, "siamo tutti membri-lavoratori in teoria, ma solo una manciata di loro poteva decidere il destino di tutti noi nella cooperativa."

Avevano pianificato questa strategia con largo anticipo per derubarci dei nostri soldi guadagnati duramente e dei nostri diritti democratici. Le promesse fatte per mantenere i nostri posti di lavoro in cambio di donazioni di denaro si sono rivelate false e vuote. Abbiamo assistito personalmente alla realizzazione di ciò che temevamo. Coloro che avevano promesso diversamente hanno negato ogni responsabilità e hanno continuato a prendere i nostri soldi con la forza dell'uso di una menzogna burocratica.

In sintesi, abbiamo subito compromessi che non sono stati onorati. Siamo stati privati dei nostri guadagni senza alcuna compensazione in cambio. È difficile accettare che quando le cose vanno male, i più deboli pagano il prezzo, ma quando c'è profitto, solo pochi ne godono l'abbondanza.

Nel giro di pochi mesi da questa riunione, i loro trucchi sono stati svelati: dopo aver messo insieme e raccolto la maggior parte dei nostri soldi, la cooperativa ha perso una gran parte dei suoi contratti, qualcosa di cui gli oligarchi erano già a conoscenza diversi mesi prima della diffusione delle voci. È stata una frode colossale contro di noi!

In ogni caso, le oligarchie rimangono saldamente al loro posto, godendo delle ricchezze accumulate dalla cooperativa. E, ancor più spiacevolmente, ci hanno derubato dei nostri guadagni prima di cacciarci definitivamente.

Mi chiedo spesso: "Come si concilia questo sistema con la solidarietà sociale?" Ho cercato di confrontarmi di nuovo con gli oligarchi, ma senza successo. Ho scelto di condividere la mia dolorosa esperienza con la società nel suo complesso, cercando di far emergere l'aspetto umano di fronte a tali sfide. Ho anche cercato di coinvolgere il sindacato, vari avvocati e i miei ex colleghi per intraprendere azioni legali contro questo atto fraudolento, ma spesso ho incontrato resistenza a causa delle loro debolezze personali e istituzionali di fronte alle posizioni di potere detenute dagli oligarchi.

RIEPILOGO CONCLUSIVO

Vorrei sottolineare chiaramente che la mia critica assertiva non dovrebbe essere fraintesa come una critica basata sulla "moralità" o "comportamento umano" all'interno di un contesto individualistico rispetto al resto del mondo. Invece, desidero concentrarmi sulle relazioni umane nei parametri della 'solidarietà sociale'. Questo concetto è strettamente legato all'etica e alla definizione di ciò che la solidarietà sociale dovrebbe rappresentare concettualmente, affinché possa prendere vita nella realtà condivisa di una società civile regolata da leggi e regolamenti. Non sono interessato a conforti oziosi o orientamenti superficiali strettamente definiti. Non sto cercando neanche la cosiddetta "vanità giusta". Questa è la mia lotta umana contro il nostro malessere societario collettivista, riorientando le nostre ambizioni verso la ricostruzione, la riconciliazione, la cooperazione e la pace per tutti. Primariamente, mi impegno per un sistema innovativo di 'assistenza sociale' che possa aiutare i bisognosi e garantire un futuro sostenibile per le generazioni a venire. Questa è la mia aperta difesa per i bisognosi e i cittadini poveri tra noi, spesso senza voce e sottorappresentati nella vita pubblica. A volte, dal profondo del mio cuore, mi chiedo: 'qual è il beneficio per un individuo nel guadagnare il mondo intero e perdere la propria anima,' come dice la Bibbia? Mi riferisco a perdersi nel vuoto insignificante di questa vita temporanea che già conosciamo. Tutto ciò che ho raccontato finora si basa su esperienze personali e testimonianze dirette, ma ho anche sentito parlare di molte altre atrocità commesse contro i bisognosi e senza voce. Questo rappresenta solo una piccola parte dell'intera struttura ingannevole di questo sistema. Un sistema che la maggioranza evita di discutere o ostacolare per paura di compromettere la propria sicurezza o egoismo personale nella ricerca della sopravvivenza quotidiana. Nonostante ciò, ognuno di noi possiede una certa conoscenza di questi problemi, anche se solo in parte. Quindi, non c'è nulla di nuovo o nascosto dalla realtà quotidiana all'interno di questo contesto di lavoro cooperativo. È urgente riformare questo sistema, o continuerà ad arricchire solo gli oligarchi a scapito dell'intera popolazione. C'è un urgente bisogno di sviluppare una struttura strategica e sociale adatta alle esigenze attuali. Per chiarire eventuali malintesi: qui in questo paese, la maggior parte dei corsi a cui ho partecipato, organizzati dalle cooperative, erano puramente formali e servivano principalmente a gonfiare spese fittizie. Il sistema cooperativo, così com'è oggi, sfrutta troppo il settore privato e pubblico, che potrebbe altrimenti fornire servizi di qualità e competere in settori innovativi. Alla fine, la situazione attuale è sempre stata attribuita all'incapacità del governo di intervenire con regole e riforme adeguate che possano creare una struttura diversa da questa burocrazia ingombrante e dipendente, ora oggetto di lamentele generali. Dobbiamo ricordare le ragioni che hanno portato al declino del vero socialismo e riflettere attentamente se dovremmo incoraggiare un simile sistema senza considerarne i pro e i contro. La decentralizzazione parziale della gestione dei servizi sociali dalle autorità pubbliche alle cooperative locali non risolve i problemi sociali, ma li nasconde temporaneamente. Questo approccio permette o consente ai politici, specialmente a livello locale, di sfuggire alla responsabilità diretta della situazione. Tuttavia, è evidente che le cooperative che ricevono contratti dalle autorità locali per svolgere attività che dovrebbero essere gestite da assistenti sociali municipali assunti direttamente da loro non saranno mai libere di aiutare i bisognosi secondo le loro necessità senza decisioni politiche dietro le quinte, poiché ciò potrebbe compromettere il loro accesso/contratto con gli uffici pubblici locali. Sarebbe preferibile che l'assistenza fosse fornita direttamente dai lavoratori sociali impiegati dal settore pubblico per garantire la sicurezza del lavoro e l'assenza di decisioni di parte. Ciò eliminerebbe la paura di perdere il lavoro da parte dei lavoratori sociali delle cooperative e di perdere contratti da parte delle cooperative stesse. È giusto che un sindaco lavori come dipendente della cooperativa nella sua comunità e che abbia anche un contratto con lo stesso comune dove ricopre un ruolo amministrativo? Questo è un mondo strano fatto di varie interconnessioni! In questa situazione, sorge un serio conflitto di interessi. I servizi che dovrebbero essere offerti dalla cooperativa in questione sono compromessi sia per questioni finanziarie legate alla loro fornitura che per influenze personali. Inoltre, ho notato che molte persone che dovrebbero ricevere assistenza come veri disabili lottano per accedere ai benefici a cui hanno diritto per il loro sostentamento. Dovrebbero essere intraprese azioni concrete per affrontare questi problemi e garantire che i servizi siano offerti in modo equo e giusto a tutti coloro che ne hanno bisogno. In conclusione, affermo che la burocrazia in un sistema di governo democratico è superflua per la difesa personale. Questo perché sembra che il sistema sia progettato per favorire coloro che già hanno potere e risorse, creando maggiori ostacoli per coloro con meno. Ciò rende le classi inferiori ancora più dipendenti dalle classi privilegiate.

In sintesi: 'Si dice che 'una storia ha senso solo se viene raccontata per intero.' 'Il potere dietro la fantasia risiede nel riconoscere profondamente la realtà.'

Contraddizioni dovute alla burocrazia ridondante e al sistema cooperativo

Le evidenze indicano che alcune persone ricevono assistenza governativa anche se potrebbero non averne effettivamente bisogno o non la meritano. Tra di loro ci sono individui che fingono di essere disabili, sfruttando astutamente ogni opportunità per ottenere aiuto. Allo stesso tempo, ci sono coloro che hanno il supporto familiare o una migliore comprensione delle procedure burocratiche, spesso intricate. D'altro canto, ci sono individui bisognosi che ricevono assistenza da cooperative e sindacati. Queste organizzazioni offrono supporto legale e burocratico per difendere i diritti di questi individui, ma a un costo considerevole. Ciò può essere vantaggioso per i bisognosi, ma può anche rappresentare un onere finanziario per lo stato, che viene simultaneamente attribuito come finanziamento a favore dei bisognosi, ma finisce principalmente nelle casse delle stesse organizzazioni. A differenza delle cooperative, i sindacati (come i sindacati del lavoro) sono un caso a parte grazie alla loro conoscenza, competenza e influenza collettiva radicata nel tempo, il che contribuisce al loro vantaggio. Questo può essere considerato un vantaggio per i bisognosi, ma allo stesso tempo può rappresentare un onere finanziario per lo stato, che viene attribuito come finanziamento a favore dei bisognosi, ma finisce principalmente nelle casse delle stesse organizzazioni. In ogni caso, la questione del denaro sembra dominare sempre, sia per coloro che ricevono assistenza che per le cooperative che la forniscono. Sarebbe cruciale valutare attentamente i bisogni dei bisognosi e garantire che il supporto sia distribuito in modo equo e giusto, senza la presenza di un sistema burocratico oppressivo che dovrebbe essere principalmente a vantaggio delle personalità o organizzazioni intermedie. In conclusione, c'è il rischio che la maggior parte delle persone veramente bisognose venga costantemente esclusa. Spesso, coloro che sono gravemente malati non ammettono la loro condizione e non chiedono mai aiuto. Allo stesso modo, coloro che vivono in povertà o abbandono potrebbero non avere le risorse o la conoscenza necessarie per cercare assistenza dalle autorità pubbliche, che spesso non forniscono aiuto a meno che non venga esplicitamente richiesto e che sia richiesto attraverso un terzo designato dallo stato stesso. Queste persone vengono spesso trascurate a causa della loro situazione svantaggiata. Non smetterò mai di ribadire che le cooperative sembrano più interessate a mantenere le apparenze (riferendosi alle oligarchie corrotte) e a evitare problemi con le autorità pubbliche, accumulando solo "crediti burocratici" per partecipare facilmente alle gare d'appalto. Il resto sembra non avere valore per loro, poiché questo sistema funziona perfettamente a loro vantaggio. Finché questi aspetti burocratici non saranno regolamentati per un cambiamento rispetto a quanto sono ora, la situazione rimarrà invariata. Mi sono sempre chiesto quale sia il collegamento tra questa goffaggine ridondante di regolamenti e organizzazione burocratica con la fornitura di servizi essenziali ai bisognosi. È noto da tempo che, per il corretto funzionamento delle cooperative, dovrebbero trarre insegnamenti da esperienze e iniziative già attuate sul campo, utilizzando piani e strategie funzionali di risoluzione dei problemi come base per l'innovazione progressiva. Tuttavia, coloro che hanno esperienza diretta di queste situazioni sono i lavoratori associati, teoricamente chiamati "membri", con la loro volontà collettiva. Purtroppo, tali lavoratori vengono spesso sottovalutati e relegati in secondo piano, privati del potere decisionale all'interno della cooperativa. Di conseguenza, molte preziose esperienze vengono perse. Questi lavoratori sono spesso i primi a essere licenziati a causa di conflitti di interesse tra il desiderio di sviluppo sociale e la bramosia di denaro e potere delle oligarchie. Mi chiedo costantemente se ci sia mai stato un obiettivo strategico stabile attraverso l'attuazione di piani innovativi. Al contrario, ho notato che la cooperativa si è concentrata principalmente su narrazioni vanitose riguardanti relazioni stabilite con sindaci, autorità locali, politici e personale di alto rango dell'amministrazione pubblica, così come con altre cooperative associate. Inoltre, ho notato come le cooperative abbiano spesso sfruttato influenze variegate per manipolare il sistema di vari settori influenti disponibili per ottenere contratti e mantenere gare d'appalto. Non sono contrario a queste relazioni affatto, ma sono preoccupato per il loro impatto sui servizi sociali forniti ai bisognosi e sulla solidarietà sociale, che dovrebbe essere il prodotto finale delle attività cooperative. Sarebbe vitale che la cooperativa si concentrasse di più nella definizione di obiettivi strategici chiari e nell'attuazione di piani innovativi per migliorare i servizi sociali offerti. Mi chiedo sempre se questa attitudine corrotta sia davvero necessaria per far funzionare l'attività legata alla "solidarietà sociale" e se stiamo davvero svolgendo il nostro dovere nel modo giusto per l'umanità, che è al centro del concetto di solidarietà sociale stesso. Un oligarca una volta dichiarò che la competenza non conta e che è meglio imparare facendo il lavoro. Questo approccio sembra contraddittorio, poiché un lavoratore dovrebbe possedere almeno competenze di base per svolgere il proprio lavoro prima di poterle migliorare. Ho capito in seguito che il loro obiettivo principale non è la creazione di lavoro sostenibile dal punto di vista umano e finanziario, focalizzato sulla solidarietà. Curiosamente, non offrono mai l'opportunità a coloro che hanno intenzioni di solidarietà di far parte della loro inclinazione illecita. Per sopravvivere in questa situazione, la cooperazione con le cooperative è essenziale, ma solo se contribuisce volontariamente al sistema senza ricevere remunerazione. Ad esempio, adottare il principio del dare e ricevere in termini di solidarietà sembra essere considerato un prerequisito indesiderabile per diventare membro dell'élite cooperativa. Posso testimoniare molti casi di persone con cui ho collaborato all'interno della cooperativa. Quando si univano, erano entusiasti, ma uscivano malati, deboli e delusi, come se avessero vissuto in un regno di inganno o diavolo. Più queste oligarchie concentrano il potere nelle loro mani per i propri interessi, più si allontanano dalle fondamenta della realtà cooperativa e dalla questione della solidarietà sociale! In conclusione, voglio dichiarare che chiunque pensi che ciò che ho scritto sia falso e che intenda citarmi in giudizio dovrebbe farlo come individuo, ma non utilizzando le risorse di associazioni o cooperative. È importante capire cosa significhi lottare per i propri diritti con le proprie risorse e conoscenze personali. In caso di malintesi o inesattezze, invito chiunque a contattarmi per un dibattito civile. Sono aperto a qualsiasi forma di comunicazione che possa facilitare un dialogo costruttivo e collaborativo, poiché questa mia deposizione è nell'interesse di tutti per garantire l'accuratezza delle informazioni fattuali presentate in questo libro.

La mia reazione basata sulle mie esperienze positive

NOTA: Dal 2015 all'inizio del 2020, ho dedicato un intenso impegno alla ricerca di metodi più efficaci per gestire il fenomeno dei rifugiati e dell'accoglienza. Sono passato da un approccio generico a una strategia adattata al contesto del paese in cui risiedo.

Nel corso del tempo, ho ottenuto progressi significativi in questo ambito. Tuttavia, il mio prossimo obiettivo è approfondire ulteriormente queste tematiche.

Va sottolineato che ho anche investito tempo nell'assistenza alle persone bisognose. Spesso ho osservato atteggiamenti controproducenti riguardo alla terapia e al reinserimento sociale delle persone nell'ambiente sociale.

Questa osservazione mi ha portato a riflettere sull'importanza di considerare le diverse realtà sociali e culturali delle persone e di adattare le terapie e le strategie di reinserimento alle loro esigenze specifiche e ai loro contesti.

Dalle mie esperienze, emerge che le nostre ipotesi spesso non coincidono con i risultati concreti delle azioni, anche nei casi più promettenti. Di conseguenza, è necessario collaborare per far fronte alle sfide dell'esistenza e adattarsi alla realtà che ci si presenta, anche se può sembrare insostenibile.

Ciò che rende tutto interessante è che nessuno ha davvero il controllo assoluto sulla realtà, perché la realtà va visto con approccio di diversità sia culturale che personale. Il nostro stato d'animo influenza il nostro modo di agire nel mondo dell'esistenza, e questo è ciò che conta veramente, al di là dei risultati ottenuti.

Ognuno di noi è il prodotto delle esperienze vissute della nostra esistenza, e ogni individuo dovrebbe sentirsi responsabile nel contribuire alla costruzione e alla promozione di un sistema sociale che esprima la forza di creazione.

L'ETICA COOPERATIVA MAL'INTERPRETATA

Voglio essere inequivocabile su un punto: non ho l'intenzione di insegnare come stabilire una cooperativa o dimostrare la mia correttezza morale. Invece, desidero evidenziare le incongruenze che ho riscontrato nel funzionamento effettivo di questo sistema. La situazione sconcertante non riguarda semplicemente la naïveté o l'ignoranza; è piuttosto la perpetuazione di un sistema diabolico che agisce contro la collettività delle persone reali.

Se la cooperazione è davvero una condizione favorevole per qualsiasi libertà significativa, logica ed efficace, allora deve fiorire attraverso una forma di mutuo soccorso che modula l'interazione tra esseri viventi nel tempo e nello spazio, in armonia con l'evoluzione culturale, l'orientamento politico e sociale di una società.

Di conseguenza, le cooperative hanno bisogno di un controllo reale da parte delle istituzioni pubbliche, che dovrebbero esercitare questo ruolo non in modo puramente burocratico o formale, ma con un'autentica supervisione. Ciò impedirebbe ai bisognosi e ai poveri di diventare facili vittime delle ambizioni degli oligarchi cooperativi, che agiscono in nome delle intenzioni di 'solidarietà sociale' ma spesso perseguono i loro interessi personali.

Pertanto, in questo paese, come in molte parti del mondo fin dai tempi antichi, esiste una consapevolezza strutturale di nuove forme di cooperazione principalmente orientate ai bisognosi, guidate da uno spirito di profonda solidarietà comunitaria in luoghi diversi.

L'impresa cooperativa dovrebbe nascere dall'aspirazione alla solidarietà attraverso l'imprenditorialità sociale, rispettando la dignità umana e senza alimentare l'egoismo privato che si è concretizzato. Questa motivazione imprenditoriale dovrebbe trarre ispirazione dal desiderio di contribuire all'intelligenza, all'operosità e all'iniziativa a beneficio della comunità.

Tuttavia, dopo tutto quanto detto riguardo alla prospettiva generalmente conosciuta della cooperativa come sogno, la realtà ha portato i fatti a una situazione distorta in cui, quando le cose vanno male, gli individui comuni (i bisognosi, i membri e la società) ne subiscono le conseguenze, mentre gli oligarchi restano esclusi e sembrano vivere in una dimensione separata. Nel frattempo, sono proprio gli stessi oligarchi che determinano unilateralmente il destino sociale del sistema cooperativo, spesso per soddisfare i loro interessi egoistici. Questo comportamento contribuisce ad aggravare i problemi anziché risolverli, poiché è un modo strategico per arricchire solo le loro classi.

Ho notato che la frase più popolare è "la cooperazione nell'amore è il gioco", ma la realtà mostra spesso che il contrario è la normalità sul terreno. Coloro che mettono in pratica ciò che predicano spesso si trovano ad essere sacrifici, quasi come figure sacrificali: come il personaggio di Gesù nella sua veste simbolica.

Per circa 7 anni (2015-2022), ho collaborato costantemente con questa cooperativa. Tuttavia, non è mai stato convocato un incontro per discutere concretamente come investire in modo indipendente nelle risorse umane, tranne che per scopi di propaganda teorica o per migliorare la copertura finanziaria a livello burocratico. Gli incontri erano organizzati solo per partecipare a programmi tra cooperative, mirati a conformarsi al sistema esistente o ad ampliare il portfolio degli oligarchi partecipando alle loro assegnazioni all'interno di un contesto ideologico di gioco.

Se qualcuno è disposto a lavorare senza compensazione, contribuire finanziariamente o dedicare il proprio tempo, o se qualcuno presenta qualsiasi proposta volta a garantire vantaggi finanziari, quella persona sarà sempre calorosamente accolta dalle oligarchie che traggono profitto da ogni possibile angolazione. Tuttavia, se la cooperativa ha bisogno di investire nell'esplorazione di innovazioni, questo diventa sicuramente una zona proibita. C'è un cliché da rispettare, basato sulla dittatura degli oligarchi.

A mio avviso, la visione attuale delle cooperative rappresenta una distorsione dai valori della solidarietà sociale. C'è una mancanza di uno scopo centrato sull'essere umano, che trasforma la cooperativa in un meccanismo che favorisce investimenti privati influenzati da dinamiche politiche ed esterne, camuffate sotto il nome di 'cooperativa'.

Le cooperative parlano molto ma agiscono troppo poco e cedono facilmente all'inerzia e all'ambizione proattiva. Credo che volontariato e filantropia dovrebbero essere distinti dal sistema cooperativo. Questa commistione è diventata una piattaforma nascosta per gli oligarchi, che vi giocano un gioco illecito. Questo approccio non favorisce il raggiungimento degli obiettivi di giustizia sociale; è difficile prendere decisioni corrette quando ci sono due modalità operative di partecipazione (personalità retribuite e personalità volontarie) nella fornitura di servizi sensibili per cui le cooperative ricevono compensazioni.

È evidente che il lavoro volontario ha un grande valore sociale e svolge un ruolo valido a favore dei più vulnerabili con un approccio non profit. Tuttavia, la cooperativa dovrebbe essere un'impresa democraticamente gestita di solidarietà sociale, basata su uno status etico solido. Purtroppo, ho visto poche cooperative strutturate in questo modo, giudicando da come le cose sono gestite dietro porte chiuse, secondo la mia esperienza.

L'obiettivo della cooperativa dovrebbe essere il benessere collettivo, anche nel contesto di piccoli gruppi, attraverso l'etica della solidarietà sociale. Ciò non esclude che l'azione collettiva possa generare benefici individuali di natura economica, come un reddito stabile derivato dal lavoro cooperativo. In altre parole, la cooperativa dovrebbe credere che la collaborazione e la condivisione di risorse possano migliorare sia il benessere collettivo che individuale senza sacrificare l'uno a favore dell'altro.

Dopo tutte queste riflessioni, rimane importante rimanere fedeli all'etica che sottende a queste intenzioni a favore della vera solidarietà. Tuttavia, purtroppo, questa non è la realtà di oggi. La maggior parte delle associazioni di solidarietà cooperative si sono trasformate in entità malate e speculative, come chiaramente evidenziato dalla situazione attualmente narrata con cui devo convivere da anni.

Una riforma e un controllo adeguato sono urgenti per continuare a sognare le risoluzioni e le intenzioni che inizialmente hanno ispirato le cooperative. Queste azioni potrebbero infondere vitalità nella cooperazione tra individui, nel vero senso della solidarietà sociale, con risultati tangibili in termini operativi con fatti concreti.

All'interno della cooperativa, ho notato che le oligarchie prestano più attenzione alla conformità burocratica richiesta dalle autorità pubbliche e mostrano riverenza verso tali autorità, non rispetto per le leggi effettive stesse. Tuttavia, i problemi sociali che dovrebbero essere al centro dell'attenzione vengono spesso trascurati. Ciò accade perché gli operatori reali sul campo non sono necessariamente le figure sociali che appaiono quotidianamente nei media mainstream in prima linea per discutere possibili soluzioni strutturali alle sfide sociali.

Secondo me, in assenza di innovazione, mancheranno anche proposte progressive da parte delle cooperative alle istituzioni pubbliche per migliorare efficienza, efficacia e sostenibilità. Tuttavia, le richieste finanziarie persistono sempre, così come l'aumento della burocrazia che soffoca il sistema. Alla fine, la barriera che il sistema governativo voleva abbattere diventa sempre più complicata da superare.

A questo punto, la speranza di affidarsi alle cooperative per colmare i vuoti sociali nel sistema di assistenza sociale della società sembra quasi un sogno fantastico privato di aspetto sociale.

La Vera Strategia Consolidata

Gli individui al potere all'interno delle cooperative, gli oligarchi, stanno sfruttando i loro privilegi per ottenere profitti. Ciò avviene attraverso l'uso di manovre burocratiche combinate con bilanci fittizi, il tutto con l'obiettivo di consolidare la loro posizione e rendere la comunità sempre più dipendente da loro, accumulando nel frattempo ricchezza e influenza. Il rapporto tra le cooperative e le entità pubbliche in questo paese si è basato su dinamiche di 'falsa appartenenza ideologica' e compromessi ingannevoli, debolmente legati alla legalità. Ciò ha favorito il clientelismo anziché prevenirlo attraverso controlli periodici, come originariamente previsto all'atto della fondazione delle cooperative. Il presidente di una cooperativa è sempre potente e ricco (ma maschera questa condizione con una falsa apparenza di povertà). Tuttavia, spesso nascondono la loro vera condizione dietro un'apparenza fittizia. Non sono riconosciuti per la loro capacità innovativa o per promuovere iniziative rivoluzionarie a vantaggio della comunità, bensì per la loro discutibile complicità con alcuni politici che condividono obiettivi simili. Questa complicità esiste indipendentemente dalle opinioni o affiliazioni politiche. Un fatto ben noto è che se qualcuno cerca di intraprendere azioni legali contro queste oligarchie, sarà contrastato con tutti i mezzi disponibili dai fondi della cooperativa, mentre l'accusatore lotterà per i propri diritti con le proprie risorse. Per questo motivo, tutti evitano un confronto diretto con loro. Gli oligarchi compensano tutti i danni che causano con i fondi della cooperativa, che dovrebbero appartenere a tutti i membri associati. Questo sistema cooperativo potrebbe essere paragonato a un'entità separata o un'entità all'interno di un'altra entità, simile a uno stato all'interno di uno stato.

Perdita di Direzione da Parte dello Stato in Questa Complicata Situazione

Probabilmente e inizialmente, assegnare alcuni problemi sociali alle cooperative potrebbe aver fornito un sollievo all'amministrazione pubblica in termini di risorse umane e sforzi. Tuttavia, nel tempo, l'attenzione a questi problemi si è ridotta rispetto alle motivazioni iniziali dei pionieri delle cooperative, dal periodo post-bellico agli anni '80. Attualmente, sembra che lo stato abbia perso la visione complessiva del fenomeno cooperativo relativo alle questioni sociali e abbia perso la capacità di gestire lo sviluppo e la ristrutturazione dei problemi sociali che affliggono la società. Ciò è dovuto al fatto che la situazione è stata delegata alle cooperative per troppo tempo. Oggi, ci aggrappiamo a un vago senso di solidarietà derivato dagli anni '70 e '80, basato principalmente sulla buona volontà. Tuttavia, il modello cooperativo attuale risale agli anni '70 e '80, mentre la situazione economica e sociale è cambiata drasticamente. In quel periodo, c'era una forte spinta all'azione, al dare, all'aiutare e alla cooperazione per il bene comune dell'intera popolazione. Ma quei tempi sono passati, e idealizzarli oggi è futile. Ciò ha reso difficile in questo momento attuare riforme, specialmente a causa del coinvolgimento dei presidenti delle cooperative in politica, dopo aver accumulato ricchezza e influenza. Senza dubbio, anche se è un comportamento legittimo, può essere problematico per la società nel suo complesso, considerando il potenziale conflitto tra i loro interessi e quelli della comunità stessa. Credo che fare affidamento esclusivamente sulle esperienze passate sia inefficace e limitante. È necessario mantenere una mente aperta per imparare e lasciare spazio per sperimentare nuovi approcci che si adattino a una realtà in evoluzione. Dobbiamo mantenere la modesta fame di apprendimento e garantire che iniziative teoricamente brillanti producano risultati tangibili e concreti che possano servire alla nostra convivenza in una società sempre più complessa, dinamica e progressista. Questo è particolarmente importante quando si affrontano le sfide di una popolazione in un ambiente sociale in continua evoluzione. Queste sfide devono essere affrontate da infinite prospettive, con obiettivi specifici per gestire al meglio il nostro destino esistenziale. Inoltre, l'amministrazione pubblica è disorientata nel tempo nel risolvere la complessa situazione dell'assistenza sociale, che evolve rapidamente nel tempo. Ciò è in parte dovuto al distacco dei politici dal modo di vivere della popolazione comune, essendo concentrati sulla propria classe e su come sostenerla. Infine, la lobby dell'unione cooperativa e delle associazioni rappresenta un ulteriore ostacolo al cambiamento del sistema attuale. Le proposte iniziali per la creazione delle cooperative erano valide per raggiungere coloro che necessitavano di un vero sostegno sociale. Sarebbe quindi opportuno ascoltare direttamente coloro che sono i destinatari di questo supporto, cioè gli operatori, non solo il cosiddetto "ufficio del presidente o gli associati della cooperativa". Nel tempo, queste persone sono diventate sottomesse alla volontà delle oligarchie delle cooperative, accettando coloro che hanno già compromesso la propria autostima e i valori umani per il proprio pane quotidiano, il che non significa davvero tutto ciò che serve per vivere una vera vita per sopravvivere mentre sono astutamente intrappolati in un sistema disumano. Molti di loro sono diventati pazienti bisognosi di cure e supporto per una sindrome a cui vorrei dare un nome come "rappresentazione distorta dell'identità". Così, si crea un più profondo decadimento sociale nella società. Pertanto, soddisfare i bisogni della popolazione e della comunità attraverso la responsabilità della sensibilità umana, unita alle competenze, dovrebbe rappresentare un'entità volta a un alto grado di democrazia, un modello di "democrazia partecipativa" e trasparenza. Tuttavia, spesso queste parole rimangono solo teoria e propaganda retorica. Le cooperative dovrebbero essere responsabili nei confronti dei membri e dell'amministrazione pubblica in modo innovativo e continuativo, dimostrando con fatti concreti la loro responsabilità nel fornire servizi sociali a vantaggio dell'intera comunità. La trasparenza dovrebbe essere garantita attraverso la costante disponibilità di bilanci, libri sociali e budget alla fine di ogni anno per una consultazione accurata e attenta. Purtroppo, più spesso queste informazioni vengono lette in modo frettoloso e distratto, forse durante momenti sociali ricreativi. Inoltre, ogni anno ci viene chiesto di rinunciare ai dividendi come segno di ulteriori contributi alla prosperità della cooperativa per garantire la nostra sicurezza lavorativa e la sua continuità. È fondamentale sottolineare che molte decisioni prese dalle oligarchie hanno sempre ignorato gli interessi dei membri associati e della stessa comunità. Queste decisioni sono spesso motivate da minacce velate per far sentire i membri in debito nei confronti delle oligarchie stesse. In realtà, tutti i membri dovrebbero avere il diritto di accedere alle informazioni sulla contabilità e sui bilanci della cooperativa, in modo che possano partecipare consapevolmente alle decisioni e alle scelte strategiche. Solo in questo modo può essere creato un ambiente di trasparenza e equità all'interno della cooperativa, dove ogni membro ha l'opportunità di contribuire al successo dell'organizzazione e guadagnare il proprio sostentamento quotidiano senza sentirsi salvato da questi falsi "eroi della sopravvivenza". Ho notato che la maggior parte degli articoli esplicativi scritti per descrivere i nostri servizi e le attività durante l'anno sono sempre stati manipolati per renderli difficili da capire, specialmente dai collaboratori. I valori di una cooperativa dovrebbero basarsi sull'obiettivo di raggiungere il benessere delle persone e migliorare la vita in una data società. Questo dovrebbe avvenire attraverso lo sforzo collettivo per il completamento di iniziative in sinergia con l'innovazione, secondo l'evoluzione dinamica della società civile, coinvolgendo tutti. La maggior parte delle cooperative che conosco non rispetta quel legame fondamentale tra i membri, che definisce la loro forza collaborativa, e le lodevoli iniziative delle associazioni. In particolare, manca un'operazione pratica basata sul rispetto delle capacità individuali dei membri. In tutti questi anni di esperienza nella cooperativa, manca ancora la capacità di vedere una vera coniugazione o collaborazione tra solidarietà e valore economico. Il carattere di un'azione sociale per il bene della comunità dovrebbe essere strettamente legato a ideali, approcci etici, ricchi di ricerca innovativa e continuità, con la necessità di una mobilità culturale esistenziale dinamica per ottenere un'operazione reale e tangibile.

Scopo e Integrità delle Cooperative di questo tipo

Qual è lo scopo principale di una cooperativa in questo paese, oltre che partecipare per ottenere un contratto a fini economici? È giustificabile solo per questi motivi?

Guadagnare da un servizio già fornito dall'amministrazione pubblica;

Guadagnare da un servizio mai prima eseguito dalla cooperativa stessa;

Guadagnare da un servizio che la cooperativa non intende continuare a offrire in modo continuativo dopo aver ottenuto il contratto ed esplorare solo l'interesse economico. Secondo me, questo comportamento sembra andare contro la logica etica e morale degli ideali utopici alla base della creazione di una cooperativa di solidarietà.

Cooperativa come Impresa Speciale

La cooperativa di solidarietà sociale è un tipo di impresa diverso rispetto a quelle del settore privato, poiché dovrebbe garantire maggiore sicurezza per i lavoratori e un vero aiuto alla società. Tuttavia, è altrettanto possibile che una cooperativa si trasformi in un rifugio per pratiche illecite legalizzate, come il saccheggio del patrimonio materiale della comunità e la commissione di abusi dei diritti umani nei confronti di individui senza voce, agevolati da vari tipi di favoritismo, richiedendo quindi una struttura di controllo efficace. Questa affermazione indica che la cooperativa è governata da un sistema burocratico complesso ma ha il vantaggio di ottenere contratti e partecipare facilmente a gare senza rischi individuali, collettivi o finanziari. Ogni rischio dovrebbe ricadere sotto la competenza legale delle oligarchie per le azioni personali intraprese a nome dei lavoratori associati della cooperativa. Tuttavia, questo non avviene spesso. In realtà, i lavoratori associati (chiamati membri) sono svantaggiati. Sono coloro che subiranno le conseguenze di qualsiasi decisione sbagliata presa dalla cooperativa per primi: in una situazione in cui la cooperativa non riesce a fornire opportunità di lavoro. Non possono intervenire in alcuna situazione, nonostante la loro competenza, a differenza del Consiglio di Amministrazione (CDA) con i suoi membri scelti dal Presidente a suo favore. Temo che questa etichetta legittima e dignitosa di "COOPERATIVA" stia iniziando a evolvere nel tempo e nello spazio come un vero e proprio tumore della società odierna. In altre parole, rischia di diventare un precursore di futura decadenza sociale. Questo termine "cooperativa", con la sua connotazione collettiva, dovrebbe essere rivalutato per tornare alla piena concezione di empatia e unità, per sostenere i cittadini più deboli e la natura che ci circonda. Solo in questo modo possiamo superare la situazione attuale di degrado!

LE MIE OSSERVAZIONI CRITICHE, IDEE E SOLUZIONI IN BREVE

Le mie osservazioni critiche 'rappresentazione inconsciamente falsa'

Vorrei condividere alcune delle mie critiche e osservazioni su questo argomento, riflettendo su ciò che ho imparato lavorando come mediatore culturale/linguistico nel mondo sociale. Quando una controversia non può essere risolta e entrambe le parti sembrano mancare di ragione contemporaneamente, è spesso necessario determinare quale di esse è più potente in termini di autorità incaricata di gestire il sistema di governo collettivo. Questo dovrebbe essere l'organo più attento a rivalutare la sua posizione nel conflitto. Nel mio prossimo libro su compensazione e inclusione sostenibile in termini di immigrazione, svilupperò ulteriormente questo concetto. Indubbiamente, la mancanza di etica professionale che ho riscontrato nella maggior parte di questi centri è stata sconcertante. Ciò si riflette chiaramente nella precaria situazione degli operatori associati, che spesso non godono di un contratto di lavoro stabile e permanente. I cosiddetti "membri" sono resi impotenti di fronte a trattamenti umilianti, a cominciare da salari bassi e continuando con l'imposizione autoritaria di numerose obbligazioni, prive di margini di scelta. La maggior parte di loro rimane in silenzio perché non ha alternative e è costretta ad accettare compromessi per sopravvivere. Questi individui finiscono spesso per diventare le vere vittime, che ora necessitano di cure per una patologia che potrebbe essere definita "rappresentazione inconsciamente falsa", contribuendo così al deterioramento della struttura sociale. Inoltre, mancano indicazioni chiare su come gli operatori dovrebbero svolgere i propri compiti, e spesso manca la figura di un rappresentante competente del settore. Al contrario, il rappresentante tra i lavoratori è spesso scelto tra coloro che sono favoriti o graditi al presidente, il che non si basa mai sulla competenza. Per complicare ulteriormente la situazione, ho notato che all'interno di alcune forze lavoro delle cooperative, i lavoratori ricevono uno stipendio di appena 300 € alla fine di un lungo mese di lavoro, nonostante le numerose responsabilità che portano. Questo scenario sembra operare quasi sotto un controllo simile a quello delle bande criminali: in modo che nessuno possa dire nulla per paura di ritorsioni. Dopo aver esaminato tutti questi problemi, mi sono chiesto come un operatore in questo settore di solidarietà sociale potrebbe essere produttivo in una situazione del genere. Specialmente considerando che il loro lavoro riguarda direttamente il nostro benessere sociale e la progressione della nostra cultura, a partire da una solida formazione a lungo termine. In una cooperativa, coloro che detengono il potere agiscono spesso in isolamento, preservando l'opacità delle dinamiche politiche, simile a quanto accade all'interno di un gruppo mafioso.

La 'Mafia' come Connotazione e il Potere Presidenziale della Cooperativa

Il termine "mafioso" è universalmente associato a schemi associativi criminali, estendendosi dalla realtà italiana a un fenomeno che ha influenzato molti paesi in tutto il mondo. Tra questi, c'è stata una notizia risonante in Italia qualche anno fa sulla 'mafia del capitale,' che riguardava un atto fraudolento di una cooperativa a Roma. Tuttavia, va notato che ci sono anche forme di mafia radicate nel Nord del paese, meno discusse ma altrettanto impattanti. Queste variano in base agli ambienti culturali in cui operano ma condividono lo stesso obiettivo di acquisire potere e accumulare ricchezza attraverso mezzi dubbi.

Questa è la mia idea di cosa sia la mafia italiana in termini diversi, dalla mia prospettiva culturale: la mafia del Sud, influenzata dalla sua storia e cultura, differisce dalla versione settentrionale. La prima è caratterizzata da un profondo senso di omertà e rispetto per la sacralità del sangue come simbolo di fratellanza in senso religioso, mentre la seconda si basa sulla superficialità e l'avidità economica. Entrambe le forme oppongono interessi comuni, coinvolgendo attività illecite e dannose per la società e le sue vittime. Nonostante le differenze, anche la mafia del Nord, sebbene non basata su legami di sangue, è altrettanto condannabile per le sue azioni che minano il tessuto sociale. Alla fine, provoca la stessa e lenta morte delle sue vittime ("morto che cammina" e 'morte rimandata a lungo termine').

Le oligarchie responsabili delle cooperative custodiscono spesso le loro esperienze esclusivamente all'interno del cerchio familiare e tra coloro che condividono i loro interessi. Eredi e rappresentanti perpetui vengono nominati per mantenere il potere anche dopo il pensionamento del presidente. Queste figure diventano indispensabili nel tempo, garantendo la loro presenza anche nei momenti del loro pensionamento o assenza.

Di conseguenza, i lavoratori dipendono costantemente da loro anche per decisioni minori. Ciò alimenta un senso di orgoglio e convinzione di essere i più adatti per la posizione, come se fossero anche essi nobili di nascita, anche se sistematicamente il sistema è stato adattato per mantenerli al loro posto. Quelli incapaci scelgono chi li sostituirà, creando un ciclo di dinamiche individualistiche che impediscono un reale progresso sociale.

Spesso, diverse cooperative si trovano in una situazione difficile quando il presidente si ritira, il che potrebbe portare al loro fallimento. Sembra che lui fosse l'unico in grado di occupare quella posizione e che nessuno potesse sostituirlo.

Questa dipendenza da una singola figura dimostra una mancanza di fiducia negli altri membri della cooperativa e un atteggiamento paternalistico. Invece, ognuno dovrebbe avere l'opportunità di partecipare a decisioni importanti, poiché ciascuno fa parte del tessuto cooperativo.

Inoltre, le lodi prive di significato o i complimenti senza senso servono solo a ridimensionare il ruolo dei veri protagonisti della cooperativa, coloro che sono realmente sul campo affrontando servizi reali come gli OPERATORI SOCIO-SANITARI, le INFERMIERE e la MANUTENZIONE DELLA SANITÀ. Riconoscere il valore di tutti coloro che contribuiscono al successo dovrebbe essere una priorità, e lavorare insieme per garantire la continuità anche dopo il pensionamento del presidente per il bene comune.

Ho avuto l'opportunità, più volte, di sentire alcuni presidenti vantarsi che dopo il loro pensionamento non ci sarebbe stato nessuno abbastanza capace da prendere il loro posto, intendendo che si sentivano gli unici adatti a sedere in quella posizione.

Mi chiedo, quindi, cosa ci insegni la loro affermazione se non l'immagine più chiara di una mancanza di trasparenza?

Pertanto, questo atteggiamento dovrebbe essere considerato fortemente privo di un'etica di solidarietà sociale, tutto a nome della forma democraticamente stabilita della "cooperativa".

Le mie esperienze personali all'interno delle cooperative mi hanno permesso di grattare la superficie delle dinamiche in gioco. Spesso, il presidente esercita un potere oppressivo simile a quello dei sovrani del passato, con atteggiamenti che sembrano datati e privi di autenticità.

D'altra parte, mostra una falsa attitudine alla sobrietà e un ampio falso sorriso stampato sul viso. Di solito, non segue la moda nell'abbigliamento, e la sua barba è sempre trasandata, un simbolo usuale dell'attivismo sociale. Personalmente, trovo che questa ideologia corrisponda a un sistema datato di impressione ingannevole.

Il Concetto di 'Cooperativa in una Società Capovolta'

Dobbiamo ricordare che questo paese è già una nazione in cui le persone, per natura culturale, sono socialmente utili l'una all'altra: indipendentemente dallo stigma lasciato dalla divisione dovuta ai tribunali totalitari del passato. La loro storia potrebbe ricordarci di questo, e le prove fattuali sono ancora visibili nella realtà sul campo, supportando l'Italia di oggi dopo la Seconda Guerra Mondiale. Non voglio ripercorrere l'intera storia, ma volevo menzionare l'esempio di collaborazione per la ricostruzione del paese dopo la seconda 'guerra europea/asiatica', ma chiamiamola 'guerra mondiale'. Questa attitudine rappresenta anche il principio fondamentale del cristianesimo, del quale questo paese è il campione culturale. In tutta la letteratura o il dibattito sulle funzioni canoniche delle cooperative in una società data, è sempre stato affermato, sia per iscritto che verbalmente, che le cooperative dovrebbero concentrarsi sulle esigenze dell'utente, per le quali i servizi devono essere soddisfatti come prerogativa principale. Tuttavia, si osserva poco sostegno a questo proposito.

Per spiegare ulteriormente, la ragione della nascita delle cooperative era quella di rispondere alle sfide sociali in un contesto di rapidi cambiamenti culturali. Le cooperative moderne sono state create per concentrarsi sull'assistenza a coloro che sono in difficoltà, che richiedono istanze di solidarietà.

Queste cooperative dovrebbero sorgere come espressioni della società civile per evitare eccessi burocratici e dinamiche di clientelismo, classismo e potere.

Dopo tutto ciò che è stato detto finora, ma nella mia esperienza, il contrario è il caso. Diverse ragioni rendono inefficace la delega dei servizi sociali alle cooperative da parte della Pubblica Amministrazione:

1) Uno dei principali problemi è il conflitto di interessi, sia economico che personale;

2) Le cooperative sono spesso costrette ad adattarsi all'agenda politica locale corrente per sopravvivere, a discapito delle esigenze dell'utente e della mancanza di dialogo costruttivo: ciò può portare alla privazione dei diritti dei cittadini bisognosi, senza alcun miglioramento;

3) L'obiettivo principale dei dirigenti della cooperativa è diventato evitare problemi legali e accumulare risorse per partecipare a gare d'appalto;

4) Questi obiettivi portano spesso a una scarsa qualità dei servizi offerti agli utenti bisognosi senza alcuna innovazione perché si concentrano più sull'impressionare coloro che sono responsabili dei contratti.

In una situazione generale di decadenza sociale, le cooperative spesso non hanno idee su come migliorare la situazione a causa della loro distanza dalla realtà. D'altra parte, la Pubblica Amministrazione è ostacolata dalla politica e spesso non partecipa in modo significativo alla risoluzione dei problemi più urgenti. Inoltre, è difficile distinguere le differenze tra cooperative e associazioni, che spesso confondono le loro azioni per motivi finanziari. Ciò porta a un pregiudizio contro i poveri e a una mancanza di competenza nelle attività di assistenza sociale. Questa attitudine impedisce qualsiasi possibilità di dialogo per trovare una soluzione correttiva. In questo modo, le nostre intenzioni di solidarietà diventano dannose per la società e vanno a vuoto. "Purtroppo, nella società di oggi, la dignità sembra non essere più considerata un valore in nessuna area della vita. Questo è particolarmente preoccupante nei settori in cui coloro che dovrebbero difendere e proteggere i diritti umani e la dignità dei più bisognosi li usano ora come strumenti per una falsa gloria, al fine di acquisire più ricchezza e potere inutilmente."

Ho anche notato che le persone sono a loro agio nella zona di comfort che sono riuscite a modellare per sé stesse attraverso l'inganno o il raggiro. Hanno presto dimenticato il prezzo elevato pagato in passato da coloro che hanno permesso questa situazione attuale, meno disturbante e vivibile in alcune parti del mondo oggi: quello che definisco 'L'Effetto del Nonno'. Per me, questa situazione psicologica rappresenta una sorta di garanzia generale che molte generazioni attive oggi derivano dalla relativamente calma situazione economica della generazione più anziana. Grazie ai soldi guadagnati a fatica dai nonni, che costituiscono quindi una sorta di sicurezza sociale, specialmente in Italia.

Tuttavia, questa situazione sta cambiando, e possiamo già osservare ovunque oggi che le classi inferiori sono sottoposte a costante oppressione in gradi variabili. Dobbiamo ricordare che siamo tutti collegati e agendo oggi possiamo impedire che il ciclo della guerra si perpetui in futuro. Quello che può sembrare irrilevante oggi potrebbe diventare la radice dei problemi di domani. Secondo me, ogni progetto sostenibile di solidarietà sociale deve incorporare la prudenza finanziaria, lo spirito comunitario e le competenze nella gestione delle risorse umane. La supervisione costante da parte del personale qualificato all'interno della pubblica amministrazione è cruciale. In ogni caso, siamo tornati a dove eravamo prima, proprio come una giostra ma in una forma negativa. Tuttavia, qualcosa deve essere fatto per rendere la nostra attuale situazione in questa società più sostenibile in termini di efficace solidarietà sociale.

Un'Analisi Psico-culturale Parziale: Il "Deficit Assoluto di Conoscenza Forgiata"

Così mi sono trovato di fronte a un grave problema psicologico nella società di oggi. Ho intrapreso uno studio e una ricerca su una sindrome che ho chiamato il "deficit assoluto di conoscenza forgiata". Questa sindrome si manifesta come autoinganno che ci fa credere di agire correttamente per adattarci ai tempi mentre, in realtà, ci dedichiamo a compiti insignificanti per evitare quelli veramente importanti. È una forma di fuga dalle responsabilità che può portare a un grave deficit di conoscenza. Ho riconosciuto l'importanza di affrontare questa sindrome e concentrarmi su attività che contribuiscano veramente al nostro benessere e sviluppo personale. Questa attitudine potrebbe costringere chiunque a sottoporsi in modo indiretto o diretto a una persona più informata che ha più disponibilità in termini di tempo, unita allo sforzo personale come forma di eroe della vita. Questo stato mentale non ha nulla a che fare con doni, talenti o intelligenza, che sono riconosciuti insieme alla bontà naturale intrinseca per buoni motivi. In effetti, questo argomento richiede ulteriori approfondimenti.

La Ricerca della Conoscenza Burocratica al Posto della Solidarietà da Parte delle Cooperative

Nella situazione attuale, le cooperative stanno accumulando sempre più competenze burocratiche per preservare il loro patrimonio strategico, che rappresenta una fonte di profitto per gli oligarchi. Tuttavia, si presta meno attenzione alle questioni legate alla precarietà e agli aspetti critici del sistema sociale. Gli oligarchi sono sempre più impegnati a trovare nuovi modi facili per eludere nuove regole e regolamenti; per evitare discrepanze riguardo alla loro posizione attuale e alla questione di come mettere da parte una somma significativa di fondi per sé stessi. La ragione più plausibile dietro questa strategia potrebbe essere la possibilità del fallimento della cooperativa domani, il che significherebbe che non influirebbe sulla loro ricchezza personale. La loro strategia operativa si basa su esperienze passate che hanno dimostrato empiricamente di favorire i loro interessi personali. Questo approccio ha funzionato in passato e rappresenta una sorta di linea guida per mantenere la loro posizione all'interno della struttura cooperativa. Si sente spesso dire: "Perché correre rischi quando tutto sembra procedere come previsto?". In questo modo, la loro strategia si basa sulla stabilità e sulla sicurezza burocratica del passato. Questa situazione apparentemente stabile non genera preoccupazioni di alcun genere e sembra procedere secondo il solito schema.

L'Uso dell'Esplorazione Tollerata

La cooperativa dovrebbe dimostrare sensibilità per i servizi che può offrire e dovrebbe anche prestare attenzione al benessere dei lavoratori dei suoi membri, in conformità a quanto stabilito nello statuto. Questo dovere dovrebbe avere al suo nucleo la necessità di promuovere una collaborazione profonda e un trattamento equo sia nelle prestazioni che nelle iniziative. Si intende segnalare che la cooperativa si preoccupa del benessere dei suoi membri e della comunità in cui opera, promuovendo la solidarietà sociale e cercando di mitigare la precarietà che potrebbe essere trascurata dalle istituzioni pubbliche. Allo stesso tempo, dovrebbe essere sottolineato che le cooperative sono state istituite con l'obiettivo di ridurre il rischio di eccessiva burocratizzazione nella pubblica amministrazione e di abuso dei servizi sociali. Un esempio tangibile di una realtà poco conosciuta ma diffusa è rappresentato dalle cooperative del Nord, dove si verifica l'assunzione irregolare di lavoratori in termini di posizionamento e viene tollerata lo sfruttamento dei lavoratori. Le cooperative presentano due aspetti distinti: uno esterno, rappresentato dai servizi offerti, e uno interno, che mira a migliorare il benessere dei membri e degli utenti come forma di mitigazione della precarietà sociale. Questo ha in parte portato al trasferimento della gestione dei servizi sociali al sistema cooperativo, creando così un nuovo centro di potere. Pertanto, potrebbe essere sviluppata una forma di collaborazione civica secondaria per garantire una risposta più efficiente e tempestiva alle minacce al benessere sociale della società. Tuttavia, nel tempo, queste nobili ideologie sociali si sono trasformate in una minaccia ancora più seria per l'intero tessuto sociale. Naturalmente, c'è un conflitto evidente nel cercare di svolgere un'attività adeguata come cooperativa sociale in assenza di specializzazione o gestione razionale in termini di complessità culturale, sia all'interno che all'esterno della cooperativa stessa.

La Cooperativa degli Intrecci Anormali Applauditi

Democraticamente La mia riflessione si basa sulla realtà attuale che ho avuto l'opportunità di osservare da vicino. Vorrei condividere la mia esperienza personale con le cooperative in questo paese.

Durante il mio coinvolgimento con questa cooperativa, ho avuto l'opportunità di mettere in luce una realtà che sembra contraddire i principi fondamentali che una cooperativa dovrebbe incarnare. Questa esperienza che ho vissuto dimostra come la realtà si discosti dalle aspirazioni costituzionali e dalle credenze comuni riguardo alla cooperazione civica. Queste aspirazioni includono l'importanza di valutare e riconoscere il valore della "cooperativa" nella società, seguendo lo statuto e il codice etico che vincolano i membri affiliati al servizio della comunità e enfatizzando l'idea di solidarietà sociale tra gli individui nel XXI secolo. Quello che ho notato all'interno della cooperativa è la mancanza di autentici valori democratici. Parlo di valori che vanno oltre le mere parole e trovano espressione concreta nello statuto, nella partecipazione collettiva, nel voto e nella promozione della solidarietà sociale. Purtroppo, questi valori sembrano essere assenti all'interno dell'organizzazione. La politica della cooperativa è spesso influenzata esclusivamente da un'ideologia oligarchica che nega la presenza e il riconoscimento adeguato del lavoro svolto da coloro che rendono possibili i servizi giornalieri per la società. Un aspetto particolarmente sorprendente è stato il metodo di funzionamento volto a creare una sorta di dipendenza da parte dei collaboratori. Questo ha l'effetto di far sentire i collaboratori in debito nei confronti delle oligarchie e, nel tempo, instillare un senso di fedeltà. L'intera situazione rivela la gravità di questo approccio sulla psiche umana. Inizialmente, sembrava che la cooperativa avrebbe avuto membri con le giuste competenze. Tuttavia, ho notato che queste competenze venivano spesso sottovalutate, forse per evitare che l'esperienza di queste persone mettesse in luce lacune e discrepanze nel modo in cui le oligarchie stanno gestendo la situazione a loro favore. Questo atteggiamento mirava a impedire la crescita di membri associati che non condividevano l'approccio decisionale delle oligarchie. In effetti, questo approccio sembrava mirare a limitare la crescita di individui con competenze adeguate, evitando che potessero guadagnare influenza sia all'interno che all'esterno della cooperativa. Questo atteggiamento riflette una mancanza di fiducia e rispetto verso i membri della cooperativa e le loro capacità. Sarebbe stato più saggio valorizzare le competenze dei membri della cooperativa e lavorare insieme per raggiungere obiettivi comuni, piuttosto che cercare di mantenere un controllo eccessivo sulle persone e sulle decisioni prese. Troppo spesso, ho notato l'incompetenza che caratterizza molti dei servizi assegnati dalle istituzioni pubbliche alle cooperative. Le giustificazioni burocratiche spesso mancano di significato, e troppo spesso manca un controllo efficace da parte dei centri di servizio. Mi chiedo, quale sarebbe lo scopo delle cooperative se non reinvestissero nelle risorse sociali? Penso che il nostro scopo nella vita non dovrebbe essere solo l'accumulo di ricchezza, ma piuttosto fare la differenza. Il denaro stesso non ha valore senza uno scopo che va oltre la semplice ricerca di profitto.

Servizi Duplicati tra Cooperative e Pubblica Amministrazione: Una Visione Critica

Nella nostra attuale realtà, vi è evidenza dell'esistenza di un numero significativo di servizi duplicati gestiti contemporaneamente sia dalla pubblica amministrazione che dalle cooperative, senza una logica apparente se non quella di aprire la strada a guadagni illeciti. Spesso, servizi già forniti dalla pubblica amministrazione (ad esempio, spese per l'assunzione di professionisti sanitari già presenti nel settore sanitario pubblico, ecc.) vengono affidati anche alle cooperative attraverso contratti o inseriti in altre iniziative, causando sovrapposizioni di servizi in termini di finanziamento, spese e complessità gestionale.

In alcuni casi, si assiste addirittura a situazioni in cui una cooperativa viene incaricata di un appalto senza avere la competenza o le risorse per gestire i servizi richiesti. Questo è particolarmente evidente in settori come l'accoglienza, dove la cooperativa potrebbe trovarsi a gestire servizi di cui non ha esperienza né intenzione di continuare a occuparsi se non per la questione di guadagno facile.

Questo comportamento solleva interrogativi sulla coerenza con gli ideali etici e morali alla base della costituzione delle cooperative, che dovrebbero mirare a fini solidali e di beneficio per la comunità.

Ho notato diverse volte che molti progetti vengono promossi senza alcuna logica apparente, spinti da coloro che idolatrano il presidente o sono parte della sua cerchia familiare o di influenza. Questo atteggiamento irrazionale e antisociale genera conseguenze negative sia per la cooperativa che per la comunità nel suo complesso.

Tali decisioni spesso sono prese dal presidente, ma vengono giustificate dall'apparente supporto del consiglio di amministrazione (CDA). Questa dinamica permette agli oligarchi di manipolare i fondi della cooperativa a loro piacimento, sfruttando pretesti falsi.

Una tattica frequente è quella di eliminare i lavoratori associati che potrebbero costituire una minaccia alla loro agenda illecita. Ad esempio, con la scusa che non ci sono più contratti sufficienti per giustificare la permanenza al lavoro di questi lavoratori. Questo avviene sfruttando ogni possibile strumento, come la riduzione delle ore di lavoro o l'assegnazione a ruoli meno gratificanti. In tal modo, ora saranno anche costretti a lavorare con coloro che una volta lavoravano sotto la loro direttiva e pagandoli meno, e così via. Questi trasferimenti servono a indebolire i lavoratori e a creare un ambiente più controllabile per gli oligarchi.

Nonostante le operazioni subdole che mettono in atto, il presidente mantiene sempre un sorriso sulle labbra, rendendo ancora più inquietante la sua capacità di celare le sue vere intenzioni.

Tutti i vecchi soci della cooperativa sono sempre stati in conflitto con il presidente per il modo autoritario con cui concentra sotto il suo controllo il potere e le questioni finanziarie: dalla selezione dei soci membri del consiglio di amministrazione (CDA) alla scelta degli appalti per le spese strumentali o per le manutenzioni varie da assegnare a coloro che sono legati a lui in un modo o nell'altro (ad esempio, <u>la ristrutturazione della nostra nuova sede della cooperativa</u> o anche le cose più economiche da fare o da acquistare, come le riparazioni dei veicoli dell'organizzazione o altro).

In sintesi, il presidente detiene una straordinaria autorità nella scelta dei destinatari di qualsiasi attività legata all'interesse economico o influente all'interno della cooperativa. Questo scenario solleva domande importanti sulla democrazia e sulla trasparenza all'interno dell'organizzazione.

Operatori di Solidarietà Sociale: Alla Ricerca di Significato e Giustizia

Partendo da una prospettiva ampia, è fondamentale considerare il concetto di "solidarietà sociale" come un pilastro fondamentale di qualsiasi società. Questo principio dovrebbe agire come un mediatore che equilibra il potere tra gli interessi individuali e collettivi, contribuendo al benessere sostenibile degli individui in un contesto sociale sempre mutevole.

In questo articolo, esploreremo alcune modalità attraverso cui gli operatori di solidarietà sociale possono effettivamente trasformare il loro lavoro in un'azione produttiva, in un momento in cui il futuro del benessere e della cultura è in bilico.

Ad esempio, alcune cose che abbiamo già imparato e conosciamo:

-una strategia chiave è quella di creare reti di sostegno tra individui e comunità. Queste reti possono agire come un fondamento solido su cui costruire interventi concreti e strategie di miglioramento;

-coinvolgere giovani talenti nella creazione di progetti volti al bene comune è un'altra via per stimolare l'innovazione e la collaborazione, garantendo un flusso continuo di nuove idee e soluzioni;

-che potrebbero contribuire o/e promuovere reinserimenti e riabilitazione dei bisognosi di diversi tipi in diverse maniere;

-inoltre, promuovere un dialogo aperto e inclusivo tra i vari attori coinvolti può contribuire a smantellare le barriere e a creare un terreno fertile per il cambiamento.

In sintesi, un ruolo chiave degli operatori di solidarietà sociale è il supporto e la promozione del reinserimento e della riabilitazione dei bisognosi in diverse forme. Questo può avvenire attraverso programmi educativi, formazione professionale e l'accesso a servizi di salute mentale. Inoltre, lavorare per rimuovere le barriere che impediscono alle persone di accedere alle risorse, fornendo informazioni e assistenza, è un passo cruciale per garantire a tutti l'opportunità di partecipare pienamente alla società.

Nonostante queste idee abbiano trovato eco in molte discussioni, spesso si sono scontrate con ostacoli.

La maggior parte delle personalità (i presidenti delle cooperative e i loro rappresentanti privilegiati) che sono state invitate ovunque a parlare dei problemi delle cooperative. Si sono sempre espresse con molti elogi per il lavoro ben fatto delle cooperative, rispondendo solo a richieste facili in televisione, alla radio o sui social media. Ma questa retorica spesso non è stata tradotta in azioni concrete. Invece di affrontare sfide complesse, alcune personalità hanno preferito evitare discussioni dettagliate, talvolta usando argomentazioni banali per evitare di condividere verità scomode.

In realtà, la maggior parte di queste persone non sa nemmeno cosa significhi lavorare sotto pressioni o prendere decisioni drastiche in situazioni di emergenza magari nel cuore della notte, affrontando circostanze imprevedibili: a volte tra la vita e la morte, o in una situazione che determinerà l'esistenza di un'altra persona per tutta la sua vita.

Certamente, la natura del lavoro degli operatori della solidarietà sociale richiede un coinvolgimento profondo e la comprensione dei reali bisogni delle persone. Spesso, implica prendere decisioni sotto pressione e affrontare situazioni critiche, spesso in circostanze imprevedibili. Questo impegno profondo è ciò che distingue coloro che sono veramente dedicati al miglioramento della comunità. Le cooperative tendono più spesso a negare sistematicamente ai bisognosi, ovvero alle persone che non sono in grado di sostenersi, il diritto alla cittadinanza e alla dignità in cambio di compensi. In pratica, queste persone finiscono per diventare "prigioniere del sistema di assistenza sociale", ostaggi di un sistema che, invece di rispondere ai loro bisogni, li tratta come merci disponibili alle stesse cooperative che si vantano di fornire loro una falsa sensazione di benevolenza. Tuttavia, i principi stessi della cooperativa vengono spesso compromessi da comportamenti illeciti e una distribuzione diseguale del potere. Questi leader agiscono spesso senza considerare appieno i bisogni dei bisognosi, e i loro metodi riflettono il desiderio di mantenere il controllo e gli interessi personali. In definitiva, è necessario un sistema che non penalizzi i bisognosi, ma li aiuti concretamente e garantisca loro piena autodeterminazione e dignità. Coloro che effettivamente fanno il lavoro minimo necessario per far funzionare la cooperativa, nonostante le molte tensioni, sono quegli operatori senza nome che fanno del loro meglio per soddisfare la propria coscienza, mentre i leader senza scrupoli cercano solo profitto per sé stessi. Allo stesso tempo, questa situazione è diventata un problema politico per i partiti di sinistra a causa della loro tendenza ideologica, che silenziosamente li fa pagare un prezzo per la loro buona volontà nei confronti degli interessi degli oligarchi delle cooperative. Durante il mio coinvolgimento con la cooperativa, ho cercato di sottolineare la necessità di comunicazione, pianificazione strategica e responsabilità. Questo processo di verifica dei fatti mi ha portato a interrogarmi sul comportamento di questa organizzazione, cercando una risposta alle inefficienze e ai problemi che ho notato. Tuttavia, la mia curiosità è stata respinta e mi sono trovato di fronte a limitazioni nei compiti e nella remunerazione. Le mie azioni non erano motivate da intenzioni negative, ma piuttosto dal desiderio di capire come migliorare il funzionamento della cooperativa. Tuttavia, ho incontrato ostacoli e rifiuti dall'alto, che hanno evidenziato ulteriori problemi di gestione e distribuzione del potere all'interno dell'organizzazione. La mia esperienza dimostra che, nonostante le belle parole e i complimenti, la cooperativa spesso non rispetta i valori fondamentali della solidarietà sociale. Al contrario, può diventare un terreno fertile per la perpetuazione di interessi personali e disuguaglianze. Perché le cooperative siano veramente efficaci nel migliorare la società, è essenziale affrontare questi problemi e impegnarsi per la trasparenza, l'equità e il vero benessere delle comunità che servono.

Esame Attuale dei Fatti e Conclusione Riguardo alla Mia Collaborazione con la Cooperativa

All'interno della cooperativa, è emerso che il sistema esistente non è né sostenibile dal punto di vista operativo né culturalmente. Di conseguenza, ho deciso di intraprendere una missione dettagliata di verifica dei fatti per comprendere appieno la situazione. Ho iniziato questa missione con l'intento di identificare i veri problemi che affliggono la cooperativa. Inizialmente, ho esplorato tre possibili scenari chiari nella mia mente:

1) Mancanza di Comunicazione tra i Membri: Un possibile problema potrebbe essere la mancanza di comunicazione tra i membri della cooperativa. Se affrontato correttamente, questo aspetto potrebbe essere attivato per promuovere una maggiore coesione e collaborazione all'interno del gruppo.

2) Assenza di un Piano Operativo e Strategia Esecutiva: Un'altra prospettiva considerata è la potenziale mancanza di un piano operativo ben definito e di una strategia esecutiva. Implementare questi elementi potrebbe fornire una guida chiara e razionale per le attività della cooperativa, contribuendo alla sua stabilità e successo a lungo termine.

3) Sospetto di Azioni Nascoste a Favore degli Oligarchi: Una riflessione ulteriore, connessa alla verifica dei fatti, mi ha portato a interrogarmi se alcune dinamiche osservate mirino a nascondere informazioni da coloro al di fuori del gruppo, operando a favore degli interessi oligarchici. Questa dimensione potenziale potrebbe richiedere ulteriori indagini e un esame critico per comprendere appieno la sua portata e le sue conseguenze. In primo luogo, questa attitudine tradisce l'obiettivo

principale della cooperazione, a parte la tendenza egoistica coinvolta. Questa ultima ipotesi ha sollevato dubbi sulla trasparenza delle attività della cooperativa e sull'integrità delle sue operazioni. Durante la mia indagine, ho cercato una comprensione più approfondita della situazione per formulare una conclusione accurata riguardo al mio futuro coinvolgimento con la cooperativa. In conclusione, il mio impegno attuale è orientato verso una comprensione dettagliata dei fattori che influenzano la funzionalità della cooperativa. La mia speranza è che questo processo di verifica dei fatti porti a soluzioni concrete e a una visione chiara per il futuro della collaborazione. In breve, ho deciso di agire per esplorare queste opzioni per esclusione. Ho iniziato a richiedere incontri con gli oligarchi per discutere apertamente alcuni dei problemi molto evidenti che affliggono la nostra cooperativa. Tra questi c'erano la gestione irrazionale dei materiali, le spese sproporzionate su vari progetti e i costi eccessivi di manutenzione e altre spese non necessarie, solo per citarne alcuni, anziché soddisfare urgenti bisogni sociali. In alcuni casi, siamo riusciti a risolvere questioni che non interferivano direttamente con gli interessi oligarchici. Tuttavia, non appena è diventato evidente che la mia indagine poteva toccare questioni più delicate, come la presunta presenza di tesori illeciti, gli oligarchi hanno iniziato ad evitarmi, avanzando scuse infondate, come precedentemente segnalato. 'Dato che non ho scheletri nell'armadio', come si soul dire, il mio principale interesse era capire come la cooperativa potesse essere gestita per garantire risultati migliori per la comunità. Questa filosofia è diventata il mio principale focus di ricerca. Tuttavia, gli oligarchi hanno iniziato a escludermi da varie dinamiche cooperative, limitando la mia presenza in vari luoghi dove stavamo sviluppando progetti, con l'obiettivo di evitare il mio incontro con troppe persone. Le mie ore lavorative sono state ridotte, con conseguente riduzione della remunerazione. La culminazione di questa situazione è avvenuta nell'aprile 2022 quando, con il supporto del sindacato attraverso un accordo transattivo, la mia collaborazione è stata terminata. La mia più grande sorpresa è stata scoprire che l'idea della cooperativa come proprietà comune, basata su diritti e doveri, a cui ci era sempre stato insegnato e che era anche formalmente scritta in tutti i documenti, si è rivelata essere una pura bugia. Di fronte a questa situazione, abbiamo optato per un accordo di separazione. Prima di ciò, ho spiegato la mia situazione al rappresentante del sindacato e ad alcuni avvocati, ricevendo solidarietà ma nessuna volontà di intraprendere azioni che richiedessero sacrifici personali da parte di nessuno di loro. Questo episodio costituirebbe un grave crimine contro l'umanità, specialmente nel contesto della solidarietà sociale. Sembra che ci siano forze nascoste che cercano di ostacolare la libertà di informazione e minare la giustizia sociale per preservare i loro interessi egoistici.

Tuttavia, molte cooperative affrontano sfide burocratiche senza strumenti adeguati ad affrontare i problemi del precario sistema sociale. Il sistema cooperativo italiano attuale richiede un impegno maggiore per migliorare le prestazioni, creando valore per i membri e la società nel suo complesso. Una stretta collaborazione interna ed esterna, insieme all'amministrazione pubblica, con controlli adeguati, è essenziale per dotarsi degli strumenti e delle competenze necessarie per affrontare le sfide dell'attuale contesto sociale. Solo attraverso un impegno costante e una visione a lungo termine sarà possibile superare le difficoltà e raggiungere l'eccellenza. L'importanza del benessere in un sistema democratico diventa evidente, considerando le condizioni difficili di disabilità, povertà, malattia e incarcerazione non solo per coloro che ne soffrono, ma anche per i loro parenti e cari. Tuttavia, queste questioni spesso sfuggono all'attenzione mediatica a meno che non diventino simboli utilizzati dalle cooperative per raccogliere fondi a nome dei più bisognosi. Qualcuno potrebbe chiedersi perché affrontare un problema apparentemente insolubile. La mia motivazione risiede nell'importanza di contribuire al bene collettivo della comunità in cui vivo, affrontando le sfide della solidarietà sociale in termini etici, morali e di sopravvivenza: dal punto di vista di una concezione culturale ampia. Scrivere questo libro è il mio contributo a un'analisi culturale autentica che potrebbe arricchire il nostro patrimonio esistenziale. Questo è il mio modo di partecipare attivamente a sensibilizzare su queste questioni cruciali, poiché faccio parte anch'io di questa comunità. Una delle mie intenzioni principali è contribuire a plasmare il nostro futuro collettivo per il bene.

ESPLORAZIONE DEL CONCETTO DI "SOCIALE"

Il termine "sociale" dovrebbe portare un significato profondo, evocando l'immagine di cooperazione e unità verso un obiettivo comune. Tuttavia, spesso questo termine non conserva più la particolare connotazione che dovrebbe ispirare un atteggiamento rispettoso. Pensate alla giustizia sociale o alla solidarietà sociale, che dovrebbero evocare sentimenti di importanza e valore. Purtroppo, l'uso eccessivo e spesso improprio della parola 'sociale' ne ha diminuito l'impatto. Molti responsabili delle cooperative non stanno adempiendo alla funzione o al dovere per cui sono stati chiamati: affrontare le sfide sociali che caratterizzano la loro comunità. Anche se nessuno lo ammette apertamente, non sembra giusto. Purtroppo, le ripercussioni colpiscono in modo sproporzionato i più vulnerabili, coloro senza voce o sindacati che li rappresentino per la loro difesa. Questa situazione complessa è aggravata dal fatto che sia il governo che le élite cooperative sono distanti dai problemi sociali, poiché gli interessi personali o di gruppo spesso hanno la precedenza sull'efficienza dell'intero sistema cooperativo in termini di questioni sociali. Il vuoto che le cooperative occupano attualmente è uno spazio cruciale nella società italiana. In realtà, le inefficienze evidenziate in questo libro amplificano la difficoltà di affrontare esistenti complessi problemi sociali. Nel gergo politico, è un "male minore", ma la realtà è che è necessario un nuovo modello per rispondere alle emergenti richieste di solidarietà sociale nel paese.

Una Prospettiva su "CULTURA" e Vita per l'Esistenza

La cultura, come definita da varie fonti, è l'insieme di conoscenze, credenze, valori, abitudini, lingue, atteggiamenti e manufatti condivisi da un gruppo o una società. Questo insieme di elementi definisce il modo di vivere e la mentalità di una comunità, delineando la sua identità e il suo patrimonio culturale. *Se mi è permesso utilizzare un termine aziendale, in forma semplice di espressione, la cultura potrebbe essere paragonata anche a un marchio. La cultura, simile a un 'marchio', rappresenta l'identità e i valori di un'organizzazione o comunità. Proprio come un marchio si distingue dai concorrenti e attira i*

*clienti, la cultura differenzia un'organizzazione e attira
individui che si allineano ai suoi principi.*

La cultura è un fenomeno in costante evoluzione e
influenza ogni aspetto della comunicazione, delle relazioni
interpersonali, delle attività economiche e delle scelte
politiche di una nazione o di una regione. La cultura si
esprime attraverso molteplici canali, dalle arti alla musica,
dalla letteratura alla danza, dal cibo alla moda e in molte
altre forme di espressione creativa. Per questo motivo, il
potere che distingue un essere vivente di successo da uno
fallito rispetto alla concezione umana risiede nell'azione
intrapresa secondo la struttura concettuale prevalente in
quella società. Questo potere di definire una società
influenza la prospettiva individuale, trasportando un
individuo da un punto di vista personale a uno collettivo
all'interno di una struttura culturale condivisa. Quindi, la
cultura implica un'accettazione involontaria attraverso
l'annientamento del punto di vista di un essere vivente per
trasformarlo in quello di un familiare punto di vista collettivo.
Questo processo inizia con piccoli gruppi, come la famiglia,
e si estende per l'intera esistenza di diverse comunità. In
definitiva, la cultura fornisce un senso di appartenenza.
Tuttavia, ridurre lo studio della cultura a un singolo campo
accademico è limitante, poiché la cultura è una vita vissuta
in sé. Questo è anche il motivo per cui non dovremmo
incolpare personalmente nessuno per eventuali
comportamenti attitudinali errati o incolpare qualcuno per

l'intera situazione problematica intorno a noi; piuttosto, dovremmo predisporre collettivamente una comprensione risolutiva reciproca. Certamente, la consapevolezza di sé ci aiuta a trovare il posto giusto e apre la strada per le nostre necessità all'interno delle nostre capacità, competenze e comprensione, che soddisferanno anche i nostri obiettivi e intenzioni misurati e basati su un criterio equilibrato tra noi e la nostra natura! Inoltre, la cultura ha il potenziale di fungere da ponte tra culture diverse e promuovere l'inclusione sociale, valorizzando le differenze e preservando il patrimonio storico e ambientale. È importante preservare e promuovere la cultura affinché possa continuare a influenzare positivamente il mondo in cui viviamo e fornirci una comprensione più completa e profonda della vita e della società. Tutto ciò ha valore aggiunto solo attraverso il riconoscimento della diversità e la valorizzazione delle differenze culturali, non delle loro interpretazioni, che possono essere influenzate da altre forme di ideologie miranti a favorire l'egemonia del pensiero. Invece, le presenze di artefatti fattuali dovrebbero garantire fonti valide. È ciò che abbiamo riconosciuto come nostra cultura che ci avvicina all'appartenenza consueta. L'impatto della cultura non si limita alla sfera mentale ed emotiva; infatti, la cultura non è violenta di per sé perché non ha una presenza entitativa propria. Inoltre, il suo punto di ricezione preferito per l'assimilazione è la permissività. Il nostro corpo fisico reagisce anche all'influenza culturale in modi sottili ma significativi. Ad esempio, avvicinandoci al fine settimana, molti di noi possono percepire un cambiamento nell'energia e nelle sensazioni corporee e una consapevolezza nella nostra coscienza del nostro meccanismo di datazione del calendario. Ciò può essere attribuito alla programmazione culturale nella nostra configurazione biologica che associa il fine settimana al riposo, al divertimento e al relax. Secondo me, quindi, "la cultura è lo studio di tutto"! Questo libro è anche il risultato della ricerca sui fatti sulla realtà sociale, nella collaborativa associazione e interazione insieme al suo principale fattore nella nostra esistenza, che è l'umanità in solidarietà.

Contribuire al Cambiamento Sociale e Profonde Riflessioni: Un Contributo alla Comprensione Sociale

In sintesi, dopo tutto ciò che è stato detto in questo libro, nel riassunto, vorrei ribadire come promemoria che la mia intenzione non era difendere alcuna forma di superiorità morale, etica o religiosa. In secondo luogo, le mie osservazioni non derivano da una prospettiva egoistica, intellettuale o economica, né da una brama di attenzione. Non sostengo che il mio punto di vista sia l'unico valido, ma intendo presentare le mie chiarificazioni basate sul nostro prevalente modo di pensare culturalmente oggi nella nostra memoria collettiva.

Dato che non abbiamo alcuna evidenza concreta valida sulla creazione primordiale dell'esistenza, sarà interessante considerare la nostra comprensione all'interno del contesto culturale della conoscenza valida delle cose che ci circondano. Pertanto, il mio obiettivo era difendere gli accordi sociali che abbiamo stipulato tra di noi in base alla mia interpretazione secondo il canone culturale e civile, come uno dei cittadini che vivono nella stessa nazione e sotto la stessa costituzione che ci lega.

La mia esperienza mi ha insegnato che non è sufficiente essere notati; è altrettanto importante ascoltare, parlare e condividere per dare significato alla propria esistenza. Tuttavia, questo approccio potrebbe non portare automaticamente a un cambiamento tangibile a meno che una forza divina non intervenga per catalizzare il cambiamento effettivo, comunque. Quindi, d'altro canto, per me, questa situazione è legata al desiderio di contribuire culturalmente e civicamente facendo parte della nostra complessa esistenza come esseri umani che vivono in un contesto sociale insieme ad altre persone!

Questo libro rappresenta la mia testimonianza sociale, mirando ad approfondire il concetto e un'analisi più approfondita di cosa rappresenti 'solidarietà sociale' nella nostra memoria collettiva. Si concentra sulla necessità culturale e di esplorare questo concetto nella sua prospettiva fondamentale più basilare, secondo la mia comprensione e principalmente nella sua definizione universale. Ho deliberatamente evitato di adottare qualsiasi tipo di canone intellettuale per fornire una visione più espositiva. Inoltre, evito consapevolmente anche qualsiasi forma di riferimento bibliografico per sfuggire al rischio di influenze concettuali che potrebbero deviare la mia attenzione dai fatti critici effettivi.

Questo libro si basa principalmente su informazioni che potrebbero accendere un senso di responsabilità e una rivalutazione della riforma tempestiva di qualsiasi progetto basato sulla società, in relazione alla dinamica progressione della nostra società, da parte di coloro che potrebbero essere interessati a farlo; non solo su una struttura educativa di uso concettuale. Quando diventa così evidente che alcune persone stanno rubando ciò che appartiene a ciascuno di noi, ma soprattutto ciò che dovrebbe essere destinato ai bisognosi, questa attitudine non può essere fermata lamentandosi. Questa situazione non può essere ignorata o minimizzata. Quindi, possiamo evitare "fare un fascio di tutta l'erba." Fondamentalmente, questa è la ragione per cui dovrebbe esserci una struttura di legge e ordine applicabile in una società giusta ed equa di consapevolezza pubblica. La mia intenzione era quella di esporre la solida base culturale ed etica della solidarietà sociale, una forza trainante nei rapporti umani, indipendentemente dal periodo storico in cui ci troviamo. In ogni caso, quando ci muoviamo nella vita con un obiettivo, è importante pianificare attentamente e considerare le circostanze che ci circondano per decidere se agire con calma o precipitosamente. La chiave sta nell'equilibrio tra il rispetto per noi stessi, gli altri e l'ambiente che ci circonda.

Solo attraverso una valutazione corretta e razionale della nostra relazione con l'ambiente e gli altri esseri viventi che condividono questa vita enigmatica con noi, possiamo affrontare il conosciuto e l'ignoto con rispetto e per il nostro benessere. In questo modo, la nostra coscienza può essere diritta con buone intenzioni. Tuttavia, anche con una pianificazione attenta, non siamo perfetti nel nostro processo decisionale, e dobbiamo essere tolleranti verso noi stessi e gli altri per amore della nostra natura. Questa situazione mi ha permesso di capire come definiamo i nostri obiettivi e come questi stessi obiettivi possano influenzare le nostre prospettive. Inoltre, ho imparato che ogni azione ha le sue conseguenze, e il giudizio gioca anche un ruolo nella perfezione delle nostre azioni. Di conseguenza, l'intera società e la nostra esistenza naturale possono essere in armonia con la 'potenza della creazione'. Alla fine, il potere dell'esistenza si manifesterà come un appello di giudizio alla fine di ogni segmento della nostra azione, determinando la prospettiva da cui perfezionare le cose. È ovvio che la situazione politica dei nostri giorni è un gioco sporco. Sarebbe auspicabile che alcune realtà esistenziali fossero risparmiate dagli abusi, specialmente i più bisognosi tra noi in una situazione di cittadinanza fragile (come i disabili, gli anziani, i malati, i prigionieri e i più poveri tra i poveri). Purtroppo, alcune personalità stanno facendo affari in loro nome.

Una Riflessione sul Sistema Politico: Democrazia e Autocrazia

Dal mio punto di vista, è evidente la preferenza per la democrazia rispetto a un sistema di governo autocratico, nonostante entrambi i sistemi siano basati sulla concentrazione del potere in pochi individui. La democrazia offre spazio per l'opposizione, sostenendo i principi della libertà di parola e di espressione, oltre a un equilibrio di poteri attraverso un sistema di controlli e bilanci. Qui, l'attenzione è posta sulla possibilità di poter argomentare e dibattere le questioni piuttosto che sull'esito di questa possibilità, poiché non è lo scopo principale di questo libro. Sebbene la politica possa spesso sembrare un gioco sporco, è auspicabile preservare la dignità di coloro che sono più vulnerabili e hanno maggiore bisogno di protezione: cittadini fragili come i disabili, gli anziani, i malati, i detenuti e i meno fortunati. Sfruttare queste categorie a fini personali rappresenta un tradimento dell'umanità all'interno della sfera democratica. Dal mio punto di vista, la democrazia, con la sua capacità di consentire un dibattito aperto di idee e promuovere la partecipazione di tutti i cittadini, rappresenta un faro di speranza per preservare i valori umani fondamentali. La sua forza risiede nella protezione dei diritti e nella salvaguardia della dignità di ogni individuo, indipendentemente dalla loro posizione sociale o dalle circostanze di vita.

NOTA DELL'AUTORE

L'autore di questo libro, di cui sono la stessa persona. Quindi mi presento come un appassionato attivista sociale profondamente impegnato nella sostenibilità in tutte le sue sfaccettature, senza fare distinzioni di preferenze tranne che per rispondere ai bisogni manifestati nei momenti critici della nostra esistenza. Questo impegno è delineato nei limiti della mia competenza, sempre radicata in una solida comprensione dei fatti reali previsti. D'altra parte, adotto una prospettiva riflessiva e consapevole come narratore, rifiutando di essere definito esclusivamente attraverso i successi riconosciuti o le esperienze della mia vita, spesso distorti a seconda di qualsiasi contesto, circostanza, luogo, tempo, ecc., in questione, senza considerare tutti questi stessi fatti per descrivere la mia vera identità. In questo modo, come autore di questo libro, sfido le convenzioni di rappresentazione basate su valutazioni superficiali e atteggiamenti di parte legati a classe o preferenze, sottolineando la chiara distinzione tra l'arte della presentazione e la vera essenza dell'esistenza. Le informazioni raccolte in questo libro comprendono la maggior parte dei fatti di cui siamo consapevoli riguardo alle cooperative. Ciascuno di noi possiede conoscenze frammentate di tali fatti, acquisite attraverso circostanze, entità, tempi e spazi diversi. Tuttavia, per comprendere appieno l'ampiezza di queste informazioni, qualcuno deve adottare una mentalità o un punto di vista simile al mio per essere in grado di vedere la situazione che vedo. Ciò sottolinea come le attitudini culturali influenzino sottilmente le nostre vite lungo il nostro viaggio esistenziale qui su questo globo chiamato Terra.

www.ingramcontent.com/pod-product-compliance
Lightning Source LLC
Chambersburg PA
CBHW050809260726
48660CB00004B/1326